KBSの韓国語
対訳 正しい言葉、美しい言葉
KBS 아나운서와 함께 배우는 바른말 고운말

KBSアナウンサー室韓国語研究会 著
架け橋人の会、前田真彦 訳

HANA

KBS 아나운서와 함께 배우는 바른말 고운말

Licensed by KBS Media Ltd. ⓒ KBS. All rights reserved.
著作権者：KBS
※本書の付録CDの音声はHANAが独自に韓国で制作したものです。

まえがき

　本書は『바른말　고운말』(한국방송출판2003年4月30日初版発行) から60編を抜粋し対訳にしたものです。『바른말　고운말』は、KBS (韓国放送公社) アナウンサーが、視聴者からの言葉遣いに関する質問に答える番組で取り上げた内容を書籍化したもので、韓国の今の言語事情をよく反映していて、視聴者に分かりやすく、コンパクトにまとめられています。

　日本語でも「正しい日本語の使い方」という本がたくさん出版されていますが、その韓国語版だとお考えください。外国人向けのテキストではなく、韓国で出版された「韓国人が間違いやすい韓国語」に関する書籍です。

　それを日本人中級学習者にとって学習しやすいように対訳という形式にし、さらに韓国の声優に朗読をお願いし、目からも耳からも正しい韓国語が身に付けられるように工夫しました。韓国語で、韓国語の正しい言葉遣いについて学び、しかも朗読CDまで付いているのですから、学習効率は何倍にもなります。

　架け橋人の会 (カバー袖参照) で、この書籍の対訳小冊子を私家版で作ることを目標に、全員で読み合わせ、訳文を練り上げてきました。原著は韓国人の間違いやすい点を取り上げているため、日本人学習者には不要と思える項目もあります。日本の学習者に必要なものを、文法・語彙・発音などをバランスよく60編に精選しました。

　対訳という性質上、意訳を避け、できるだけ直訳に徹し、読者に補足説明が必要と思われる箇所には、原著にはない注を付けました。

　幸運にもHANAから出版することに決まり、編集に松島彩さんが付いてくださって、訳文が読みやすく整理されました。各ページに訳者の名前が入っていないのは、「全員で訳した」からです。語学教材から一歩踏み込んだ本書を、韓国語の学習に活用してくださればうれしく幸いです。

　原稿を細かくチェックしてくださった松島彩さんと、HANAの裵正烈社長に感謝申し上げます。

前田　真彦

目　次

まえがき		03
本書の使い方		07
表記のルール		12

○ **本編**　　対訳「바른말 고운말（正しい言葉 美しい言葉）」

01	말씀/말	お言葉／言葉	14
02	눈썹/눈곱	眉毛／目やに	16
03	왔어요/왔었어요	来ました／来ていました	18
04	겹받침 'ㄹ'의 발음	二重パッチム「ㄹ」の発音	20
05	내가 아시는 분	私がご存じの方	22
06	여쭈다/뵙다	伺う／お目にかかる	24
07	소질이 계시다	素質がいらっしゃる	26
08	샅샅이/낱낱이	くまなく／一つひとつ	28
09	옷걸이/옷거리	ハンガー／着こなし	30
10	시부모님의 호칭어와 지칭어	義理の両親の呼称と指称	32
11	'발병'의 발음	「발병（足の病）」の発音	34
12	자음 동화	子音同化	36
13	두껍다/두텁다	厚い／人情深い	38
14	되고/돼고	なって	40
15	산통이 깨지다	台無しになる	42
16	걸맞다	ふさわしい	44
17	○○○ 씨/선배님	○○○さん／先輩	46
18	손수/직접	手ずから／直接	48
19	이바지	貢献、嫁入り土産	50
20	붇다/불다	伸びる	52

21	-아/어지다, -아/어하다	〜くなる、〜がる	54
22	앎/알음	知識／知り合い	56
23	걷잡다/겉잡다	食い止める／ざっと見積もる	58
24	씨가 안 먹힌다	筋が通らない	60
25	목돈/몫돈	まとまったお金	62
26	띄어쓰기	分かち書き	64
27	화사하다	華やかである	66
28	터무니없다	とんでもない	68
29	고유 명사의 띄어쓰기	固有名詞の分かち書き	70
30	경신/갱신	更新	72
31	들르다/들리다	立ち寄る／聞こえる	74
32	소꿉장난/깡충깡충	ままごと／ぴょんぴょん	76
33	틀리다/다르다	間違える／違う	78
34	남/여	男／女	80
35	손 없는 날	お化けのいない日	82
36	한나절/반나절	半日／半日の半分	84
37	흥청거리다	興ずる	86
38	조리다/졸이다	煮込む／煮詰める・落ち着かない	88
39	손쉽다	たやすい	90
40	머물어/무물러	とどまって	92

41	되도록/될수록	できれば／できるほど	94
42	햇빛/햇별	太陽光／太陽熱	96
43	내년/이듬해	来年／翌年	98
44	'드디어'의 사용법	「드디어（ついに）」の用法	100
45	'여간 (如干)'의 사용법	「여간〈如干〉」の用法	102
46	-느라고/-노라고	〜することによって／〜しようと	104
47	올 겨울/강추위	今年の冬／厳しい寒さ	106
48	'- 투성이'의 사용법	「- 투성이（〜だらけ）」の用法	108
49	'중 (中)'의 띄어쓰기	「중〈中〉」の分かち書き	110
50	거리/꺼리	材料	112
51	차례(茶禮)	茶礼〈茶禮〉	114
52	까먹다/잊어버리다	忘れる／忘れてしまう	116
53	강남(江南)	カンナム〈江南〉	118
54	기별(奇別)	知らせ〈奇別〉	120
55	-오/-요	語末の「-오／-요」	122
56	접두사	接頭辞	124
57	-네요/-으네요	〜ですね	126
58	심상치 않다	尋常でない	128
59	햅쌀/멥쌀/찹쌀/입쌀	新米／うるち米／もち米／白米	130
60	가디건/카디건	カーディガン	132

あとがき　　　　　　　　　　　　　　　　　　　　　　　　134

本書の使い方

　本書は、リーディングはもちろんのこと、リスニングや音読、シャドーイング、リピーティングなどの練習に活用いただけます。本編に収録された文章の分量は、1編当たり、それらの練習にちょうどいい分量になっているので、効率的に学習できます。

　以下に効果的な学習の流れと、それぞれの詳しい方法を説明します。

【　効果的な学習の順序　】

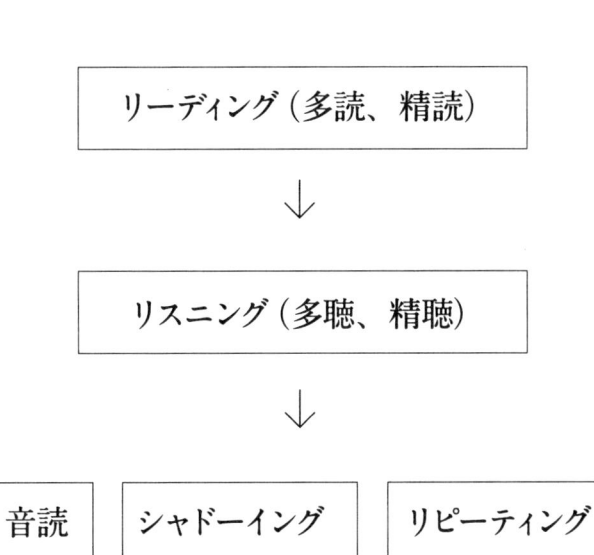

リーディング（多読、精読）

↓

リスニング（多聴、精聴）

↓

音読　　シャドーイング　　リピーティング

■ リーディングの方法

　韓国語を習得するためには、より多くの韓国語に触れ、それを消化する必要があります。そのための最も身近な方法がリーディングといえるでしょう。音読やシャドーイングなど、他の学習法に取り組むよりもまず先にやるべきはリーディングで、内容を把握することが本書を有効に活用するための第一歩です。
　リーディングの中には「多読」と「精読」という方法があります。「多読」は、言葉のとおり、その言語で書かれた多くの文章を、なるべく日本語の助けを借りずに読むこと。辞書を使わずに読み進めることにより、日本語を介在させずに韓国語を理解できるようになります。「精読」は「多読」とは逆に、分からない単語だけでなく、文法や、発音などをしっかりと確認しながら、一つの文章全体を隅々まで理解するように読むことです。これは文法や語彙の知識を格段に増やすことができるリーディング方法といえるでしょう。上級を目指す人は「多読」のような細部にこだわらない読み方だけでなく、文章を正確に読んで理解する、つまり文の意味や語彙の適正な意味を正しく理解する読み方に時間をかける必要があります。「多読」で読んだものをもう一度この方法で読み直すというのも一つの方法です。

「多読」の方法

① 全体を読んで、だいたいを把握する。

分からない単語や文法があっても、なるべく辞書を引かず、細部にとらわれることなく読み進めるようにしましょう。

② 分からない単語や表現の意味を予想する。

韓国語の文をかたまりで捉え、分からない単語や表現を想像しながら読む癖をつけましょう。分からない所は飛ばして、先を読み進めるうちに分かることもあります。

③ 読めそうもない文章は諦める。

さっぱり分からない文章があれば、無理して読まなくても大丈夫。60編の中から分かりそうなものを選んで読みましょう。

④ とにかく1編を読み切り、次の作品に挑戦。成功体験を増やす。

読了できた文章が増えれば増えるほど、読むことが楽になり、かかる時間も少なくなるはずです。そうするうちに韓国語の理解力が付き、自然と単語や文法表現が身に付くでしょう。

「精読」の方法

① まずは全体を把握する。

どこが分からないのか、知らない単語・表現はないかなどをチェックしながら、全体を読み進めます。

② 分からなかった所を調べる。

辞書や文法書を使って、分からない表現を調べます。

③ 調べたことを、本に書き込む。

精読することによって、知り得た単語や文法、表現などを本の空きスペースに書き込みましょう。記憶に定着しやすくなります。また、それらを後からノートにまとめると、より確実に身に付くでしょう。

目的に応じて、ご紹介したリーディング方法で、本書をご活用ください。

■ リスニングの方法

　リスニングには、音声を何度も聞き流す「多聴」と、短いセンテンスに分けて聞き取れるまでじっくりと聞き込む「精聴」があります。中上級レベルである程度聞き取れる耳を持っている人であれば、さまざまな文章を、より多くの回数聞く「多聴」で耳を鍛えるのもいいでしょう。何度も聞くうちに、大まかな話の内容が分かるようになり、また、分からない部分を原文と対訳で答え合わせするのです。

　しかし、まだ聞き取れる耳を持っていないのに、やみくもに「多聴」をするのは効率的な学習法とはいえません。そんな人にお勧めなのが「精聴」です。「精聴」にもさまざまなやり方がありますが、その中の一つ「ディクテーション（書き取り練習）」を紹介します。「ディクテーション」のメリットは、音声を聞き、ノートに書き取ることで、何が聞き取れて、何が聞き取れなかったのか、自身の弱点が明確になるという点です。より効果的なディクテーションをするために、以下の点に注意してください。

① 1、2文ずつ再生する。

　文章の音声を通しで再生し、それを一度に書き取るのは困難です。1、2文ずつ音声を再生し、ディクテーションしましょう。

② 聞き取る対象を聞く回数は5回程度。

　5回を目安に聞き、ディクテーションしましょう。知らない単語や文法、音変化が含まれている場合、たくさん聞いたからといってディクテーションできるわけではありません。適度な回数聞いて、聞き取れなかったら次の文に移りましょう。

③ 答え合わせのタイミングを決める。

　1段落を目安に答え合わせをすると良いでしょう。答え合わせをしてから、次の文章に移ると、予測もできるようになり聞き取りやすくなるでしょう。

　答え合わせは、原文と訳を見ながら、どの単語や表現が聞き取れなかったのかだけでなく、なぜ聞き取れなかったのかをきちんと自覚するようにしましょう。「単語自体を知らなかった」「音変化を認識できなかった」など、聞き取れない理由が必ずあるので、ディクテーションしたノートに、理由と正解を書き込むとよいでしょう。

■ 音読の方法

　音読とは、韓国語で書かれた文章を自分で声に出して読み上げることです。CDの音声のように発音できることを目標にして、文章を通して読む練習を何度も練習することによって、滑らかな発音を身に付けることができるだけでなく、発話力が身に付きます。つまり、「理解できたこと」を「使いこなせること」に変えられるのです。より効果的な音読をするために、以下の点に注意してください。

① はきはきと大きな声で練習する。

　何よりも大切なのは、きちんと声を出して、はっきりと発音することです。小さな声でぶつぶつと音読するのでは、パッチムや音変化の発音を正確に行えているか、激音と濃音をきちんと発音し分けられているかなどが、あいまいになってしまいます。

② 内容を把握している文章で行う。

　何が書かれているか分からない文章で音読をしても効果はありません。何が書かれているのか把握した文章で、それを目の前にいる相手に伝えるのだという意識で音読をしましょう。

③ 音声を聞いて参考にする。

　音読をしている途中、必ずつまずく所や、どうしても発音がスムーズにできない所が出てくると思います。その場合は、通しで読むのを中断し、その部分の音声を何度も聞いて、その発音や抑揚を確認し、重点的に練習しましょう。自分の声を録音してCDの音声と聞き比べるのも一つの手です。

　音読は何回やったら終わり、というのはありません。何十回と繰り返すことで、自分の「血と肉」に変え、実際に会話でそれを生かすことができるようになるのです。

■ シャドーイングとリピーティングの方法

　シャドーイングは聞いたそばから後を追い掛けて声を出すことです。リピーティングは音声を1文再生したらストップし、その内容を覚えておき、一気に発音します。原則どちらもテキストを見ずに行いますが、それが難しい場合、シャドーイングは最初のうちだけテキストを見てもいいでしょう。

　シャドーイングに比べリピーティングは聞き取った1文を一時的に記憶する必要があるので難易度が高くなります。

　どちらも発音や抑揚のまねをし、一字一句間違えないように発音することを心掛けましょう。

　シャドーイングとリピーティングは通訳養成学校でも行われる基礎的トレーニングで、特に話す力を高める効果がありますが、リーディングやヒアリング、音読を組み合わせて行うことで、「聞く、話す、読む、書く」の4技能を伸ばすことができるのです。

表記のルール

・原題のタイトルに、正しい韓国と間違った韓国語を併記している場合、対訳には正しい日本語訳のみを示しました。また、間違った韓国語のみを記している場合は、日本語訳もあえて間違ったままの訳を示しました。
・対訳文の読みやすさを考慮し、原文に間違った韓国語が現れる場合、あえて日本語も間違った日本語で記している場合と、日本語は正しく記している箇所があります。
・原文に含まれる漢字は、日本語訳では〈　〉で示しました。
・日本語訳に韓国語で表記する必要がある場合、初出のみ日本語訳を（　）で入れました。また、同様の場合でも、次の1文で、その韓国語の解説がある場合は初出でも訳を入れていません。

本 編

対訳

「 바른말 고운말 」
正しい言葉、美しい言葉

01 말씀 / 말　CD1-TR01

　존대법이라는 것은 상대방에게 예의를 갖추어 대하기 위해서, 듣는 사람을 높이거나 말하는 사람 자신을 낮추는 것을 말합니다. 우리말에서는 주로 어미 '-시-'에 의해서 존대법이 실현됩니다. 그런데 몇몇 어휘들은 높임이나 낮춤의 형태가 따로 있어서 상대방을 높이거나 자신을 낮추기 위해서는 이런 어휘들을 적절하게 선택해서 사용해야 합니다.
　우리가 잘 아는 높임말로는 '진지'나 '연세, 성함, 댁' 같은 것이 있고, 낮춤말로는 '저, 저희' 같은 것들을 들 수 있습니다.

　그런데 간혹 '말씀'이라는 단어에 대해서 의견을 달리하는 경우가 있습니다. 예를 들어 '제 말씀은 그런 뜻이 아니었습니다.'와 같은 경우에, 어떤 분들은 자신의 말을 말씀으로 높여 말하면 안 된다고 하고, 또 어떤 분들은 그렇게 말하는 것이 옳다고 합니다.
　흔히 '말씀'은 '말'의 높임말로만 알고 있는데, 이것은 '웃어른에게 하는 자기의 말'을 뜻하는 낮춤말이기도 합니다. 그러므로 웃어른 앞에서 자신의 말을 가리켜 말할 때는 '말씀'이라고 해야 하는 것입니다.

　따라서 '할아버님께서 말씀하셨습니다.'와 같은 문장에서 쓰인 높임말로서의 '말씀'과는 달리, 여러 사람 앞에서나 어른들 앞에서 자신을 낮추기 위해서도 '말씀'이라는 말을 쓸 수 있습니다.

お言葉／言葉

　敬語法とは、相手に礼儀を持って接するために、聞き手を高めたり、話し手自身を低めたりする方法をいいます。韓国語では、主に語尾「-시-」によって敬語が作られます。ところが、幾つかの語彙は高める表現や低める表現が別にあり、相手を高めたり、自身を低めたりするためには、このような語彙を適切に選んで使わなくてはなりません。

　私たちがよく知っている尊敬語には「진지 (お食事)」や「연세 (お年)、성함 (お名前)、댁 (お宅)」などがあり、謙譲語では「저 (わたくし)、저희 (わたくしども)」などが挙げられます。

　ところで、時折「말씀 (お言葉)」という単語について、見解を異にする場合があります。例えば「제 말씀은 그런 뜻이 아니었습니다. (わたくしの言葉はそのような意味ではありませんでした。)」のような場合に、ある人は自分の言葉を말씀と高めて話してはいけないと言い、またある人はそう話すことが正しいと言います。

　一般的に「말씀」は「말 (言葉)」の尊敬語とばかり思われていますが、これは「目上の人に話す自分の言葉」を意味する謙譲語でもあります。それ故、目上の人の前で自分の言葉を指して話すときは「말씀」と言わなければならないのです。

　従って、「할아버님께서 말씀하셨습니다. (おじいさまがおっしゃいました。)」のような文で使われている尊敬語としての「말씀」とは異なり、大勢の人の前や目上の人の前で自分を低めるためにも「말씀」という言葉を使うことができます。

02 눈썹 / 눈곱   CD1-TR02

　어렸을 때 겨울에 자주 부르던 동요 가운데 '한겨울에 밀짚 모자 꼬마 눈사람, 눈썹이 우습구나 코도 비뚤고‥‥'라는 노래가 기억나실 것입니다. 여기에 나오는 '눈썹'을 글로 표기해 놓은 것을 보면 '눈섭'이라고 쓴 것도 있고 '눈썹'이라고 쓴 것도 있습니다. 그런데 이 경우에는 '눈＋썹'이 맞고 발음도 [눈썹]이라고 된소리로 합니다.

　그렇다면 우리가 자고 나면 눈에 붙어 있는 것은 '눈곱'일까요 아니면 '눈꼽'일까요? 실제로 글로 표기해 놓은 것을 보면 '눈꼽'이라고 써 놓은 것이 더 많습니다만, 이 경우는 '눈곱'이 올바른 표기 형태입니다. 물론 발음은 [눈꼽]이라고 된소리로 합니다.

　'눈곱'은 '눈'과 '곱'이 결합해서 만들어진 말입니다. 간혹 '눈에 곱이 끼었다'와 같이 '곱'을 독자적인 단어로 인식하는 예를 볼 수 있습니다.
　원래 '곱'이라는 말은 동물의 지방을 가리키던 말이었습니다. 그런데 지금은 사전을 보면 '곱'이라는 말이 '종기나 부스럼 또는 헌데 등에 끼는 골마지 모양의 물질'이라는 의미로 나와 있습니다. 이 '곱'이라는 말의 의미가 확대되면서 눈에서 나오는 즙액이 말라 붙은 것을 가리켜서 '눈의 곱', 다시 말해서 '눈곱'이 된 것이라고 할 수 있습니다.

眉毛／目やに

　幼いころ、冬によく歌った童謡で「真冬に麦わら帽子のちび雪だるま　眉毛が笑えるね　鼻も曲がって……」という歌[訳注1]が思い出されるでしょう。ここで出てくる「眉毛」を文字で表記したものを見ると、「눈섭」と書いてあるものもあり、「눈썹」と書いてあるものもあります。しかしこの場合には「눈＋섭」が正しく、発音も［눈썹］と濃音で発音します。

　では、寝起きに目に付いているものは「눈곱」でしょうか、それとも「눈꼽」でしょうか？　実際に文字で表記したものを見ると「눈꼽」と書いてあることの方が多いのですが、この場合は「눈곱（目やに）」が正しい表記の形です。もちろん発音は［눈꼽］と濃音で発音します[訳注2]。

　「눈곱」は、「눈（目）」と「곱（やに）」が結合して作られた言葉です。しばしば、「눈에 곱이 끼었다（目にやにが付いた）」のように「곱」を独立した単語として認識する例が見られます。
　もともと「곱」という言葉は動物の脂肪を指す言葉でした。しかし今は辞書を見ると「곱」という言葉が「腫れ物やできもの、またはただれなどに付くカビ状の物質」という意味で載っています。この「곱」という言葉の意味が拡大し、目から出る汁がこびりついたものを指して「눈의　곱」、すなわち「눈곱」になったといえます。

訳注1：「꼬마 눈사람（ちび雪だるま）」というタイトルの童謡。
訳注2：「ㅅ挿入」の性格がある合成語の場合は、表記上では「ㅅ挿入」がなくても、後ろの単語の初声「ㄱ、ㄷ、ㅂ、ㅅ、ㅈ」が濃音化する。

03 왔어요 / 왔었어요

"아까 친구가 왔어요."

"아까 친구가 왔었어요."

두 개의 문장을 비교할 때 어떤 차이를 느끼십니까?
어떤 분들은 우리말 표현에서 과거 시제는 '먹었다, 들었다'에서와 같은 선어말어미 '-었-'으로만 나타내고, 대과거형인 '-었었-'을 쓰면 틀린 것이라고 하는데, 이것은 잘못 알고 있는 것입니다.
'아까 친구가 왔어요.'라는 문장은 단순히 아까 일어난 사건에 대해서만 기술하고 있어서, 그 친구가 왔다가 돌아갔을 수도 있고, 또는 친구가 아직까지 있을 수도 있습니다. 반면에 '아까 친구가 왔었어요.'라는 문장은 그 사건이 완결돼서 지금은 상황이 바뀌었음을 함축하고 있습니다. 다시 말해서 아까 친구가 왔다가 돌아갔다는 뜻이므로 대과거형인 '-었었-'을 써야 맞습니다.

우리말의 대과거는 과거의 상황보다 한발 앞선 때의 상황을 나타내는 것으로, 대부분의 경우는 '-었었-'으로 표현된 사건 뒤에 다른 일이 일어났으리라는 것을 함축 의미로만 가지고 있습니다.
앞의 예문에서처럼 '-었었-'이 쓰인 대과거 문장은 '-었-'이 쓰인 문장과는 다른 뜻을 가지게 됩니다. 그러므로 과거 시제를 나타내는 말로 이 두 가지 모두 사용할 수 있지만 함축하는 의미는 서로 다른 것입니다.

来ました／来ていました

「さっき友人が来ました。」

「さっき友人が来ていました。」

二つの文を比較したとき、どのような違いを感じますか？

一部の人々は、韓国語の表現で過去の時制は「먹었다（食べた）、들었다（聞いた）」のような先語末語尾[訳注1]「-었-」でのみ表し、大過去形である「-었었-」を使うのは間違いだと言いますが、これは違います。

「아까 친구가 왔어요.」という文は、単純にさっき起こった出来事についてのみ記述しているので、その友人が来た後、すでに帰ったかもしれないし、まだいるかもしれません。一方「아까 친구가 왔었어요.」という文は、その出来事が完結し、今は状況が変わっているという意味を含んでいます。言い換えれば、さっき友人が来て帰ったという意味なので、大過去形である「-었었-」を使ってこそ正しいのです。

韓国語の大過去は過去の状況よりさらに過去にさかのぼった状況を表すものであり、ほとんどの場合、「-었었-」で表現された出来事の後に他のことが起こったのだろうということを、におわせる意味としてのみ含んでいます。

上の例文のように、「-었었-」が使われた大過去の文は「-었-」が使われた文とは違う意味を持ちます。従って過去の時制を表す言葉として、この両方が使用できますが、含んでいる意味はそれぞれ違うものです。

訳注1：-았/었-、-겠-、-(으)시-などのこと。語末に付く語尾よりも前に付くため、韓国では先語末語尾と呼ぶ。日本では接尾辞や補助語幹などと呼ぶ。

04 겹받침 '래'의 발음 CD1-TR04

"넓고[널꼬] 넓은[널븐] 바닷가에 오막살이 집 한 채"

 이것은 어렸을 때 자주 부르던 동요의 한 소절입니다. 여기서 '넓고 넓은'은 모두 '넓다'라는 형용사를 활용해서 나온 말입니다.
 우리말에서 겹받침의 발음이 상당히 까다롭지만, 규칙을 알고 적용시켜 보면 의외로 간단하게 해결할 수 있습니다.

 겹받침 '래'은 단어의 끝자리나 자음 앞에서는 [ㄹ]로 발음합니다.
 예를 들어서 '여덟'과 같이 이 단어의 끝자리에 올 때는 [여덜]로 발음합니다. 그리고 '넓다[널따]'와 같은 경우는 겹받침 '래' 중에서 'ㄹ'만을 발음해서 [널따]가 됩니다. 따라서 그 활용형 '넓고, 넓지'의 발음은 [넙꼬, 넙찌]가 아니라 [널꼬, 널찌]로 발음합니다.
 이와 같은 경우의 단어로 '얇다, 엷다' 같은 것이 있습니다.

 그런데 여기에는 예외적인 단어가 있습니다. 그것은 바로 '밟다[밥:따]'입니다. '밟다'는 예외적으로 자음 앞에서는 [밥]으로 발음해서 '밟고, 밟지[밥:꼬, 밥:찌]'로 발음합니다. 그리고 모음 앞에서는 '밟아요, 밟으면[발바요, 발브면]'처럼 연음해서 모두 발음해야 합니다. 특히 [밥:꼬]나 [밥:찌]의 경우에는 [밥]을 길게 발음해 주면 더욱 정확한 발음이 됩니다.

二重パッチム「래」の発音

「広々とした海辺に小屋が1軒」

　これは幼いときによく歌った童謡[訳注1]の1小節です。ここの「넓고　넓은（広々とした）」は、二つとも「넓다（広い）」という形容詞を活用してできた言葉です。
　韓国語の二重パッチムの発音はとても複雑ですが、規則を知った上で適用させると、意外と簡単に解決できます。

　二重パッチム「래」は、単語の末尾や子音の前では [ㄹ] と発音します。
　例えば、「여덟（八つ）」のように、単語の末尾に来るときは [여덜] と発音します。そして「넓다」のような場合は、二重パッチム「래」のうち、「ㄹ」だけを発音して [널따] になります。従って、その活用形「넓고、넓지」の発音は [넙꼬、넙찌] ではなく、[널꼬、널찌] となります。
　同様の単語として「얇다（薄い）、엷다（薄い、淡い）」などがあります。

　しかし、ここには例外的な単語があります。それは「밟다 [밥ː따]（踏む）」です。「밟다」は例外的に子音の前では [밥] と発音し、「밟고、밟지 [밥ː꼬、밥ː찌]」と発音します。そして母音の前では「밟아요、밟으면 [발바요、발브면]」のように連音化させて二つとも発音しなければなりません[訳注2]。特に [밥ː꼬] や [밥ː찌] の場合には [밥] を長く発音することにより、より正確な発音になります。

訳注1：「클레멘타인（クレメンタイン／邦題：いとしのクレメンタイン）」という米国民謡に韓国語の詞を乗せたもの。
訳注2：밟다だけでなく、二重パッチムは母音で始まる語尾や助詞、接辞の前では連音化し、両方発音する。

05 내가 아시는 분 CD1-TR05

"나 요즘 왜 이렇게 정신이 없는지 모르겠어. 아까 현금 인출기에서 돈을 찾으려고 갔다가, 돈은 그냥 놔 두고 카드하고 명세서만 달랑 빼들고 왔지 뭐야."

"아유, 너도 그랬구나. 내가 아시는 분도 몇 번이나 그런 적이 있으셨다면서 얼마나 속상해 하셨는데."

현금 인출기에서 돈을 찾을 때 이런 경험을 한 분들이 종종 있으신 것 같더군요. 대화 마지막 부분에 '내가 아시는 분도 몇 번이나 그런 적이 있었다'는 말이 있습니다. 이 문장에서는 어디가 잘못된 부분일까요?

바로 '내가 아시는 분'이라는 부분입니다. 의외로 이렇게 말하는 분들이 꽤 있습니다. 이 말은 존대법이 잘못돼 있습니다. '내가 아시는 분'이란 말에서 '아시는' 사람이 바로 '나'이기 때문에 말하는 사람 자신을 높여서 말한 것으로, 이런 경우에는 '내가 아는 분'이라고 해야 맞습니다.

또 이와 비슷한 경우의 예로, '선생님께서 제게 여쭤 보시더군요.'와 같이 말하는 경우도 있습니다. '여쭤 보다'란 말이 '물어본다'는 말의 존대를 나타내는 표현이기는 하지만 누가 누구에게 물어보는지에 따라 맞을 수도 있고 틀릴 수도 있습니다. '선생님께서 제게 여쭤 보시더군요.'의 경우는 선생님이 나에게 물으시는 것이므로 '여쭤 보다'를 쓸 수 없습니다. 이 때는 '선생님께서 제게 물어보시더군요.' 이렇게 표현하는 것이 맞습니다.

私がご存じの方

「私、最近どうしてこんなにぼんやりしているんだろう。さっき、ATMでお金を引き出しに行って、お金はそのまま置いてカードと明細書だけを、さっと取ってきちゃったのよ。」

「まあ、あなたもそうだったの。私がご存じの方も何度もそんなことがあったって、どれほど気を落としていらしたか……。」

ATMでお金を引き出すときに、こんな経験をしたことがある方が時折いらっしゃるようですね。会話の最後の方に「내가 아시는 분도 몇 번이나 그런 적이 있었다(私がご存じの方も何度もそんなことがあった)」という文があります。この文ではどこが間違っている部分でしょうか？

それは「내가 아시는 분(私がご存じの方)」という部分です。意外にもこのように言う方が結構います。この言葉は敬語法が間違っています。「내가 아시는 분」という言葉では、「아시는(ご存じの)」人は「私」なので、話し手が自身を高めて話していることになり、この場合は「내가 아는 분(私が知っている方)」と言ってこそ正しいのです。

また、これと似た例として、「선생님께서 제게 여쭤 보시더군요.(先生が私にお伺いしたんです。)」のように言うこともあります。「여쭤 보다(お伺いする)」という言葉は「물어보다(尋ねる)」という言葉の尊敬表現ではありますが、誰が誰に尋ねるかによって、正しくもなり間違いにもなります。「선생님께서 제게 여쭤 보시더군요.」の場合は、先生が私にお尋ねになるということなので「여쭤 보다」は使えません。この場合は「선생님께서 제게 물어보시더군요.(先生が私にお尋ねになられたんです。)」、このように表現するのが正しいです。

06 여쭈다 / 뵙다   CD1-TR06

앞서도 얘기했지만 우리가 일상생활에서 경어법을 잘못 사용해서 말하는 경우가 상당히 많습니다. '여쭈다'와 '뵙다'에 대해서 살펴보겠습니다. 예를 들어서 '저희 집 아이가 저한테 여쭤 보더군요.'라고 말하는 것은 맞는 표현일까요?

'여쭈다'라는 말은 웃어른께 사연을 아뢴다는 뜻을 가진 말인데, 이 말을 잘못 쓰는 경우가 종종 있습니다. 앞의 예문에서는 물론 어린 사람이 웃어른에게 질문을 하는 경우이기는 하지만, 질문을 받은 사람이 바로 말하고 있는 사람 자신이라면, 이것은 자신을 너무 높이는 표현이 됩니다. 이런 경우에는 '저희 집 아이가 저한테 물어보더군요.' 정도로 말하는 것이 좋겠지요.

그리고 현재 자기가 사귀고 있는 사람을 부모님께서 만나고 싶어 하실 경우에 '저희 부모님께서 뵙고 싶어 하십니다.'라고 말한다면 이것은 존댓말 사용을 잘못한 것이 됩니다.
'뵙다'라는 말은 웃어른을 대하여 본다는 뜻인 '뵈다'의 공대말입니다. 이 말은 '다음에 또 뵙겠습니다.'라든가 '내일 찾아뵙고 싶습니다.'와 같이 웃어른을 만난다고 할 때 사용하는 표현이지요. 그러나 며느릿감을 뵙는다고 하면 며느릿감이 오히려 높여져서 어법이 이상하게 됩니다. 그러므로 이때는 '저희 부모님께서 만나 보고 싶어 하십니다.'라고 해야 맞습니다.

존댓말을 사용할 때는 높여야 할 대상이 누구인지를 정확하게 알고 말하도록 해야겠습니다.

伺う／お目にかかる

　先ほども話しましたが、私たちは日常生活で間違った敬語を話すことが多々あります。「여쭈다 (伺う)」と「뵙다 (お目にかかる)」について見てみましょう。例えば「저희 집 아이가 저한테 여쭤 보더군요. (うちの子が私に伺ったんですよ。)」と言うのは正しい表現でしょうか？

　「여쭈다」という言葉は年長者に事情を申し上げるという意味を持つ言葉ですが、この言葉を間違えて使うことが度々あります。上の例文では、もちろん若い人が年長者に質問する場合ではありますが、質問された人が話し手自身なら、これは自身をとても高める表現になります。このような場合は「저희 집 아이가 저한테 물어보더군요. (うちの子が私に聞いたんですよ。)」のように言うのがいいでしょう。

　そして、現在自分が交際している人に両親が会いたがっている場合に、「저희 부모님께서 뵙고 싶어 하십니다. (うちの両親がお目に掛かりたがっています。)」と言うと、これは敬語の使い方を間違えたことになります。
　「뵙다」という言葉は、年長者に会うという意味の「보다 (伺う)」の謙譲語です。この言葉は「다음에 또 뵙겠습니다. (今度またお目にかかります。)」や「내일 찾아뵙고 싶습니다. (明日お伺いしたいです。)」のように、年長者に会うと言うときに使う表現です。しかし息子の花嫁候補に뵙는다(お目にかかる)と言えば、息子の花嫁候補を逆に高めることになり、間違った言葉遣いになります。従ってこの場合は、「저희 부모님께서 만나 보고 싶어 하십니다. (うちの両親が会いたがっています。)」と言ってこそ正しいです。

　敬語を使うときは、高めなければならない対象が誰なのかを正確に知り、話すようにしなければなりません。

07 소질이 계시다 CD1-TR07

다음은 얼마 전에 문화계에 관한 이야기를 다루는 어느 프로그램에서 사회자가 초대 손님으로 나온 만화가와 나누는 대화 중에 나온 이야기입니다.

"어렸을 때부터 만화 그리는 데 소질이 계셨군요."

이 말에는 잘못된 표현이 한 군데 있는데 바로 '소질이 계셨군요.'라는 부분입니다.

본래 '있다'란 말에는 존재의 의미와 소유의 의미, 이 두 가지가 있습니다. 우선 존재의 경우에는, 보통 말일 때는 '오늘은 집에 있겠습니다.'와 같이 '있다'를 그대로 쓰지만, 높임말이 되면 '계시다'가 됩니다. 예를 들어서 '할아버지께서 방에 계십니다.'로 표현할 수 있습니다.

그런데 소유의 경우에는 높임말이 되면 '계시다'가 아니라 '있으시다'가 됩니다. '어렸을 때부터 소질이 계셨군요.'는 소질을 갖고 있었던 것이기 때문에 '소질이 계셨군요.'가 아니라 '소질이 있으셨군요.'가 올바른 표현입니다.

素質がいらっしゃる

　次の一文は、少し前に文化界に関する話を扱うある番組で、司会者がゲストとして出演した漫画家と会話している中で出てきた言葉です。

　　「幼いときから漫画を描くのに素質がいらっしゃったのですね。」

　この言葉には間違っている表現が１カ所あります。「소질이 계셨군요.(素質がいらっしゃったのですね。)」という部分です。

　本来、「있다(いる、ある)」という言葉には、存在と所有の二つの意味があります。まず存在の場合は、通常時の言葉では「오늘은 집에 있겠습니다.(今日は家にいます。)」のように「있다」をそのまま使いますが、尊敬語になると「계시다(いらっしゃる)」になります。例えば、「할아버지께서 방에 계십니다.(おじいさんが部屋にいらっしゃいます。)」と表現することができます。

　ところが、所有の場合は尊敬語になると「계시다」ではなく、「있으시다(おありだ)」になります。「어렸을 때부터 소질이 계셨군요.(幼いときから素質がいらっしゃったのですね。)」は、素質を持っていたということなので「소질이 계셨군요.」ではなく「소질이 있으셨군요.(素質がおありだったのですね。)」が正しい表現です。

08 샅샅이 / 낱낱이   CD1-TR08

"내가 부탁한 자료 찾아봤니?"
"도서 목록을 샅샅이 [삳싸시] 뒤져 봤는데 잘 못 찾겠네."

자료를 찾는다거나, 물건을 찾을 때 구석구석 다 찾아봐도 없을 때는 참 답답합니다. 앞서 대화에서는 이처럼 '빈틈없이 모조리'라는 뜻으로 [삳싸시]라는 표현을 사용했는데, 이것은 [삳싸치]라고 발음하는 것이 맞습니다.

우리말에는 '나하고 같이 [가치] 가자.'에서 '같이'라는 말이 [가치]로 발음되는 것처럼 'ㅌ' 받침 뒤에 'ㅣ' 모음이 오면 [티]로 발음하지 않고 [치]로 발음한다는, 구개음화 현상이 있습니다. 그런데 이것을 마치 'ㅅ' 받침 뒤에 'ㅣ' 모음이 오는 것처럼 [삳싸시]라고 발음하는 경우가 종종 있습니다만, 이것은 [삳싸치]가 정확한 발음입니다.

이와 비슷한 현상이 나타나는 표현으로 '하나하나마다'라는 뜻을 가진 '낱낱이 [난:나치]'라는 것이 있습니다. '사건의 자세한 내용을 낱낱이 [난나시] 밝혀야 한다.'가 아니라 '[난:나치] 밝혀야 한다'고 하는 것이 맞습니다.

くまなく／一つひとつ

「私が頼んだ資料、探してみた？」

「図書目録をくまなく探してみたけど、見つからないね。」

　資料や物を探すとき、隅々探しても見つからないと本当にもどかしいです。上の会話では、「隙間なくことごとく」という意味で [샅싸시] という表現を使っていますが、これは [샅싸치] と発音するのが正しいです。

　韓国語には、「나하고 같이 [가치] 가자.(私と一緒に行こう。)」において「같이(一緒に)」という言葉が [가치] と発音されるように、「ㅌ」パッチムの後ろに母音「ㅣ」が来ると [티] と発音せず [치] と発音するという、口蓋音化の現象があります。ところが、これをまるで「ㅅ」パッチムの後ろに母音「ㅣ」が来るように [샅싸시] と発音する場合が時折見受けられますが、これは [샅싸치] が正確な発音です。

　これと似た現象が現れる表現に、「一つひとつ」という意味を持つ「낱낱이 [난ː나치]」というものがあります。「사건의 자세한 내용을 낱낱이 [난나시] 밝혀야 한다.(事件の詳しい内容を一つひとつ明らかにしなければならない。)」ではなく、「[난ː나치] 밝혀야 한다」と発音するのが正しいです。

09 옷걸이 / 옷거리 CD1-TR09

"저 [옫꺼리]에 걸려 있는 옷 색깔 참 예쁘다."
"그래. 디자인도 마음에 드는데 나한테 잘 어울릴지 모르겠네."
"너는 얼굴도 희고 [옫꺼리]가 좋아서 뭘 입어도 멋있을 거야."

위 대화에서 [옫꺼리]라고 발음한 단어가 두 번 나왔습니다. 처음에 나온 것은 옷을 걸도록 만들어 놓은 것을 가리키고, 두 번째 나온 것은 옷을 입은 맵시를 가리키는 것입니다.
그렇다면 이것을 글자로 표기할 때 둘 다 똑같이 쓸까요 아니면 서로 다르게 쓸까요?

우리말에는 표기 형태는 달라도 발음이 같은 단어들이 있어서 일상 언어에서 혼란이 생기는 경우가 종종 있습니다. 이 경우도 역시 발음은 모두 [옫꺼리]지만 표기 형태에는 차이가 있습니다.

먼저 나온 옷을 걸어 두는 것은 '옷걸이'라고 씁니다. 그리고 뒤에 나온 옷을 입은 맵시를 뜻하는 단어는 '옷' 자 뒤에 받침이 없이 그냥 '거리'를 붙여서 '옷거리'라고 씁니다.

정리해 보면, '옷을 걸어 두게 만들어 놓은 것'을 가리키는 말과 '옷을 입은 맵시'를 가리키는 말은 모두 [옫꺼리]라고 발음하지만, 표기 형태에는 차이가 있습니다.

ハンガー／着こなし

「あの [옷꺼리] に掛かっている服の色、本当にきれい。」

「そうね。デザインも気に入ってるんだけど、私に似合うか分からないわ。」

「あなたは顔も色白だし [옷꺼리] がいいから何を着てもすてきよ。」

　上の会話で [옷꺼리] と発音する単語が2回出てきました。最初に出てきたのは服を掛けるために作られたものを指し、2回目に出てきたのは服の着こなしを指すものです。
　では、これを文字で表記するときは、二つとも同じように書くでしょうか、それともそれぞれ違った書き方をするでしょうか？

　韓国語には、つづりは違っても発音が同じ単語があり、日常会話において混乱が生じる場合がしばしばあります。この場合もやはり発音は両方とも [옷꺼리] ですが、つづりには違いがあります。

　先に出てきた服を掛けておくものは「옷걸이」と書きます。そして後に出てきた服の着こなしを意味する単語は、「옷」の字の後ろに、パッチムのないただの「거리」を付けて、「옷거리」と書きます。

　整理すると、「服を掛けるために作られたもの」を指す言葉と、「服の着こなし」を指す言葉は両方とも [옷꺼리] と発音しますが、つづりには違いがあります。

10 시부모님의 호칭어와 지칭어 CD1-TR10

여자가 결혼을 해서 시아버지를 부를 때 '아버님'이라고 하는 분이 많고, 또 친근하게 '아버지'라고 부르는 분들도 있습니다. 실제로 시아버지 가운데는 '아버님'이라고 부르면 거리감이 있으니까 '아버지'로 부르라고 하는 분들도 있습니다.

그런데 전통적으로 '아버지'에 대한 경칭인 '아버님'을 시아버지에 대한 호칭어로 사용했고, 지금도 시아버지는 예의를 갖춰 불러야 할 어려운 대상이기 때문에 '아버님'이라고 부르는 것이 표준으로 되어 있습니다.

반면에, 시어머니의 경우는 같은 공간에서 함께 지내고 대화하는 시간이 비교적 많기 때문에 시아버지보다는 친근한 대상입니다. 전통적으로 '어머니'의 경칭인 '어머님'을 호칭어로 사용하지만 현실적으로 '어머니'로 부르는 경우가 많기 때문에 '어머님'과 '어머니'를 모두 사용하도록 하였습니다.

그렇다면 타인에게 지칭할 때는 어떻게 불러야 할까요?
시조부모님에게 시부모님을 가리켜 말할 때는 '아버님, 어머님'과 '아버지, 어머니'를 모두 쓸 수 있습니다.
그리고 친정 식구에게 말할 때는 '시-'를 붙여서 '시아버님, 시어머님' 또는 '시아버지, 시어머니'로 부르거나 아이들의 이름을 넣어서 '○○ 할아버지 / 할아버님, ○○ 할머니 / 할머님'으로 부릅니다.

義理の両親の呼称と指称

　女性が結婚をして義父を呼ぶとき「아버님 (お父さま)」と言う人が多く、また親近感を込めて「아버지 (お父さん)」と呼ぶ人もいます。実際に義父の中には「아버님」と呼ばれると距離を感じるので「아버지」と呼びなさいと言う人もいます。
　しかし伝統的に、「아버지」の敬称である「아버님」を義父に対する呼称として使用してきており、現在も義父というのは礼儀を尽くして呼ばなければならない難しい対象ですので、「아버님」と呼ぶことが標準になっています。

　一方、義母の場合は同じ空間で一緒に過ごし、会話する時間が比較的長いので、義父よりは親しく身近な対象です。伝統的に「어머니 (お母さん)」の敬称である「어머님 (お母さま)」を呼称として使用しますが、実際には「어머니」と呼ぶことが多いので、「어머님」と「어머니」のどちらも使うことにしています。

　では、他人に指称として使うときは、どのように呼べばいいのでしょうか？
　義理の祖父母に義理の両親を指して言うときは「아버님、어머님」と「아버지、어머니」のいずれも使うことができます。
　そして、実家の家族に話すときは「시‐ (結婚した家を表す接頭辞)」を付けて、「시아버님 (義父さま)、시어머님 (義母さま)」または「시아버지 (義父)、시어머니 (義母)」と呼んだり、子どもたちの名前を入れて「〇〇 할아버지／할아버님 (〇〇のおじいちゃん／おじいさま)、〇〇 할머니／할머님 (〇〇のおばあちゃん／おばあさま)」と呼んだりします。

11 '발병'의 발음 CD1-TR11

우리 민요 '아리랑'의 가사 가운데, 나를 버리고 가시는 님은 십 리도 못 가서 발에 병이 생긴다고 하는 내용이 있습니다. 그렇다면 발에 생기는 병은 [발병]이라고 할까요 아니면 [발뼝]이라고 할까요?

이것은 [발뼝]이라고 된소리로 발음하는 것이 맞습니다. 된소리로 발음하는 것은 좋지 않다며 되도록 된소리를 내지 않고 발음하려는 분들도 있지만, 된소리가 표현 자체에 나쁜 의미를 주는 것은 아닙니다. 물론 아무 때나 된소리를 내서 발음하는 것은 옳지 않고, 된소리로 발음해야 하는 것은 정확하게 된소리로 발음해야 합니다.

'발병'을 [발병]이라고 발음한다면 일반적으로 병이 생긴다는 뜻의 한자어가 되기 때문에 '발'이라는 특정 부위에 병이 생긴다는 '발병'과는 뜻이 다른 말이 됩니다. '발'과 '병'이 합해서 만들어진 '발병[발뼝]' 같이 표기상으로는 사이시옷이 없더라도, 관형격 기능을 지니는 사이시옷이 있어야 할 합성어의 경우에는, 뒤 단어의 첫소리 'ㄱ, ㄷ, ㅂ, ㅅ, ㅈ'은 된소리로 발음하도록 돼 있습니다. 예를 들어서 '심장병'이나 '당뇨병'과 같은 병명의 경우도 '심장'과 '병' 그리고 '당뇨'와 '병'이 합해서 만들어진 것이므로 [심장병, 당뇨병]이 아니라 [심장뼝, 당뇨뼝]과 같이 된소리로 발음하는 것이 올바른 발음입니다.

「발병（足の病）」の発音

　韓国の民謡「アリラン」の歌詞の中で、私を捨てて行かれるあなたさまは 10 里も行かずに足の病になる、という内容があります。それでは足の病は [발병] と発音するでしょうか、それとも [발뼝] と発音するでしょうか？

　これは [발뼝] と濃音で発音するのが正しいです。
　濃音で発音するのは良くないとして、できるだけ濃音を使わずに発音しようとする方もいますが、濃音が表現自体に悪い意味を与えることはありません。もちろん、どんなときでも濃音で発音すればいいのではなく、濃音で発音しなければいけないものは、正確に濃音で発音しなくてはいけません。

　「발병」を [발병] と発音する場合、一般的に病気になるという意味の漢字語[訳注1]になるので、「발（足）」という特定の部位に病が生じるという「발병」とは意味の異なる言葉になります。「발」と「병（病）」が合わさって作られた「발병 [발뼝]」のように、表記上はサイシオッ[訳注2]がなくても、冠形格機能を持つサイシオッが必要な合成語の場合には、後ろの単語の初声「ㄱ、ㄷ、ㅂ、ㅅ、ㅈ」は濃音で発音することになっています。例えば、「심장병（心臓病）」や「당뇨병（糖尿病）」のような病名の場合も「심장」と「병」、そして「당뇨」と「병」が合わさって作られたものなので、[심장병、당뇨병] ではなく [심장뼝、당뇨뼝] のように濃音で発音するのが正しい発音です。

訳注1：「発病」のこと。
訳注2：単語と単語を結び付ける役割（冠形格機能）を持つ「ㅅ」のこと。

12 자음동화 CD1-TR12

'내일은 전국[정국]적으로 흐리고 바람이 다소 강하게 불 것으로 예상됩니다.'와 같은 일기예보를 들을 수 있습니다.

그런데 이 예문처럼 '전국'을 [정국]이라고 발음하는 것은 올바른 발음이 아닙니다. 방송 프로그램뿐만 아니라 일상 대화에서도 이와 비슷한 종류의 발음 오류가 자주 나타나고 있습니다.

'전국'을 [정국]이라고 발음한 것은, 발음의 편의를 위해서 첫째 음절의 받침 'ㄴ'을 그 뒤에 오는 '국'자의 첫소리 'ㄱ'과 같은 위치에서 발음했기 때문에 나타난 현상입니다만, 우리 표준 발음법에서는 이와 같은 자음동화를 허용하지 않고 있습니다.

물론 일기예보를 들을 때라면 의미의 혼동 없이 들을 수도 있겠지만, 일반 대화 상황에서 '[정국]이 흐리다'고 한다면 날씨가 전국적으로 흐리다는 이야기인지 아니면 '정국', 즉 '정치계의 형편'이 흐리다는 이야기인지 구분이 안 될 수도 있겠지요.

이와 비슷한 예로는 '천국[천국]'을 [청국]이라고 한다거나, '한국[한:국]'을 [항국]이라고 하는 것이 있습니다. 특히 우리나라 '한국'의 발음은 첫 음절을 길게 해서 [한:국]이라고 발음한다면 [항국]과 같은 잘못된 발음은 나오지 않으리라고 생각합니다.

子音同化

「내일은 전국 [정국] 적으로 흐리고 바람이 다소 강하게 불 것으로 예상됩니다 . (明日は全国的に曇り、風が多少強く吹くと予想されます。)」のような天気予報を聞くことがあります。

しかし、この例文のように「전국 (全国)」を [정국] と発音するのは正しい発音ではありません。放送だけでなく日常会話でも、これと同じような発音の間違いがよく起こります。

「전국」を [정국] と発音したのは、発音しやすくするために、最初の音節のパッチム「ㄴ」を、その後に続く文字「국」の初声「ㄱ」と同じ位置[訳注1]で発音したために起こった現象です。しかし、韓国語の標準発音法では、このような子音同化[訳注2]を認めていません。

もちろん天気予報を聞いているときなら、意味を混同せずに聞けるかもしれませんが、一般的な会話で「[정국] 이 흐리다 ([정국] が曇る)」と言ったら、全国的に曇るという話なのか、それとも「정국 (政局)」、すなわち「政界の状況」がはっきりしないという話なのか、区別できないこともあるでしょう。

これと似た例としては、「천국 [천국](天国)」を [청국] と言ったり、「한국 [한 : 국](韓国)」を [항국] と言ったりすることがあります。特に、「한국」の発音は、初めの音節を [한 : 국] と長く伸ばして発音すれば、[항국] のような間違った発音にはならないと思います。

訳注1：調音点（子音を調音するときに空気の流れを遮る場所）のこと。
訳注2：調音点の位置の同じ発音になること。

13 두껍다 / 두텁다

"기온이 많이 떨어졌다는데 두터운 옷 입었니?"

"두꺼운 옷 대신 얇은 옷을 여러 개 입었어요."

앞의 대화에서 '두터운 옷'과 '두꺼운 옷'이란 말이 나왔는데요, 이 둘 중에서 맞는 표현은 무엇일까요?
우선 '두껍다'라는 말은 '물질적인 두께가 많다'는 뜻을 가진 말로, 반대말은 '얇다'입니다. 그리고 '두텁다'는 것은 '서로 맺고 있는 관계가 굳고 깊다' 또는 '남에게 쓰는 마음이 알뜰하고 크다'는 뜻을 가진 말입니다. 그래서 '정의나 인정이 많거나, 사랑이 깊은 것'을 말할 때 사용하기 때문에, '우정이 두텁다' 또는 '신임이 두텁다'와 같이 쓸 수 있는 말이죠.
그러므로 앞의 예문에서 '두터운 옷'이라는 말은 잘못된 표현이고, '두꺼운 옷'이라고 해야 올바른 표현이 됩니다. 많은 사람들이 '신의가 두껍다'고 하는 경우는 없는데, '두터운 옷'이라는 말처럼 '두껍다'를 써야 할 곳에 '두텁다'를 써서 오류가 생기는 경우가 많습니다.

한편 '두툼하다'라는 말도 있는데요, 이 말은 '꽤 두껍다'는 뜻으로, '두껍다'보다 어감이 큰 말입니다. '두툼한 외투'라고 하면 '꽤 두꺼운 외투'라는 뜻이 되지요. 그리고 '도톰하다'라는 말은 '두껍다'보다는 어감이 작은 말로 '조금 두껍다'는 뜻입니다. 그래서 '도톰하게 생긴 입술'이라고 하면 조금 두꺼운 입술이라는 뜻이 됩니다.

厚い／人情深い

「気温がかなり下がったそうだけど、厚い服着た？」

「厚い服の代わりに薄い服を何枚か着ました。」

　上の会話で「두터운 옷」と「두꺼운 옷」という言葉が出てきましたが、この二つの中で正しい表現はどちらでしょうか？
　まず「두껍다」という言葉は「物質的な厚さがある」という意味を持つ言葉で、反対語は「얇다 (薄い)」です。そして「두텁다」というのは、「互いに結んでいる関係が固くて深い」または「他人に使う心が細やかで大きい」という意味を持つ言葉です。ですので「正義や人情があり、愛情が深いこと」を言うときに使うため、「우정이 두텁다 (友情が厚い)」または「신임이 두텁다 (信任が厚い)」のように使える言葉です。
　そのため、先ほどの例文の「두터운 옷」という言葉は間違った表現であり、「두꺼운 옷」と言ってこそ正しい表現になります。多くの人が「신의가 두껍다 (信義が厚い)」と言うことはありませんが、「두터운 옷」という言葉のように、「두껍다」を使うべきところに「두텁다」を使って間違いが起こることが多々あります。

　一方、「두툼하다」という言葉もありますが、この言葉は「かなり厚い」という意味で、「두껍다」より程度が甚だしいという印象を受ける言葉です。「두툼한 외투」と言えば「分厚いオーバー」という意味になります。そして「도톰하다」という言葉は、「두껍다」よりは程度が小さいという印象を受ける言葉で、「少し厚い」という意味です。ですので「도톰하게 생긴 입술」と言えば、少し厚い唇という意味になります。

14 되고 / 돼고   CD1-TR14

언제부턴가 텔레비전 프로그램에서 출연자들이 하는 말의 내용이 자막으로 처리돼 나오기 시작했는데요, 이제는 이런 것이 유행처럼 돼서 거의 모든 프로그램에서 자막을 사용하는 것 같습니다.

그런데 이 자막에 나오는 것을 보면 맞춤법이 잘못된 글자들이 자주 눈에 띄어서, 이런 것이 오히려 국민들의 언어 생활에 잘못된 영향을 주게 되고 결국 언어 공해로 작용한다는 우려의 목소리가 높습니다.

그 중에서도 자주 나오는 오류로 '되다'라는 말과 관계있는 활용형을 들 수 있습니다. '가면 안 돼요.'라는 문장을 예로 들어 보겠습니다. '되다'에 서술형 종결 어미 '-어요'가 붙을 때는 '되어요'가 되는데, 이것이 줄어서 나온 형태가 바로 '돼요'입니다.

그렇다면 '오늘은 되고 내일은 안 되지요.'와 같은 예문은 어떻게 표기해야 할까요? 이 경우에는 '되고'와 '안 되지요' 두 개의 표현이 있는데 둘 다 '되'로 쓰는 것이 맞습니다. 왜냐하면 '되고'와 '안 되지요'는 '되어고'나 '안 되어지요'라는 말이 줄어든 것이 아니기 때문입니다.

어느 것이 맞는지 구분하기 어려울 때는 그 말을 '되어'로 풀어서 사용이 가능한지 살펴보면 분명히 알 수 있습니다.

なって

　いつからかテレビ番組で出演者たちが話す言葉の内容がテロップになって表示され始め、今ではこれがはやりのようになり、ほとんどの番組でテロップを使用しているようです。
　ところで、このテロップに出てくるものを見ると、正書法を間違った字がしばしば目につくので、これらがかえって国民の言語生活に良くない影響を与え、しまいには言語の公害として作用するのではと憂慮する声が多いです。

　その中でもしばしば出てくる間違いで、「되다（良い、なる）」という言葉に関係する活用形を挙げることができます。「가면 안 돼요.（行ってはいけません。）」という文を例に挙げてみます。「되다」に叙述形の終結語尾「-어요」が付くときは「되어요」になりますが、これが縮約してできた形が「돼요」です。

　そうなると「오늘은 되고 내일은 안 되지요.（今日は良くて明日はだめです。）」のような例文は、どのように表記するべきでしょうか？　この場合には「되고（良くて）」と「안 되지요（駄目です）」の二つの表現がありますが、二つとも「되」と書くのが正しいです。なぜなら「되고」と「안 되지요」は、「되어고」や「안 되어지요」という言葉が縮約したものではないからです。

　どちらが正しいのか判別が難しいときは、その言葉を「되어」に戻してみて使用可能か考えてみれば、はっきり分かります。

15 산통이 깨지다 CD1-TR15

"거래 회사하고 협상이 잘 안 됐다면서?"

"응, 협상이 잘 돼 가고 있었는데, 최 대리가 엉뚱한 얘기를 꺼내는 바람에 산통이 깨지고 말았어."

어떤 일이 잘 되어 가서 다 된 일을 결국 이루지 못하도록 뒤틀어 놓는 것을 일컬어서 '산통을 깬다'고 말합니다.
그렇다면 '산통'이란 것은 무슨 뜻일까요?

'산통(算筒)'이란 것은 점을 치는 데 쓰는 '산가지'를 넣어 두는 통을 말합니다. 간혹 여러분도 텔레비전 프로그램에서 점을 치는 사람이 통을 흔들고 그 속에서 나뭇가지 같은 것을 뽑는 장면을 본 적이 있으실 텐데요, 바로 그것을 연상하시면 됩니다. '산가지'라는 것은 옛날에 셈할 때 쓰던 물건으로 대나무나 뼈 같은 것으로 젓가락처럼 만들어 썼었습니다. 산통점(算筒占)은 가느다란 산가지에 1부터 8까지의 숫자를 새겨서 산통 속에 집어넣고 흔든 다음, 왼손으로 산가지를 세 번 집어내서 길흉화복의 운명을 판단하는 것을 말합니다.
그런데 이런 산가지를 집어넣는 산통이 깨지면 점을 칠 수가 없게 되니까 산통점을 쳐서 먹고사는 점쟁이들에게는 대단히 큰 문제가 되는 거죠.
그래서 '산통을 깬다' 또는 '산통이 깨진다'라는 말은 어떤 일을 이루지 못하게 뒤틀거나, 뒤틀린 것을 가리키는 말이 됐습니다. 참고로 산통은 [산:통]으로 길게 말합니다.

台無しになる

「取引先との交渉がうまくいかなかったんだって？」

「うん、うまくいっていたんだけど、チェ代理がとんでもないことを言い出したせいで、台無しになってしまったんだ。」

　ある事がうまくいき全て終わったのを、結局実現できないように覆すことを指して、「산통을 깬다 (台無しにする)」と言います。
　では、「산통」とはどのような意味でしょうか？

　「산통〈算筒〉」とは、占いをするのに使う「算木」を入れておく筒のことをいいます。時々皆さんも、テレビ番組で占いをする人が筒を振り、その中から木の棒のようなものを引き抜くシーンをご覧になったことがあるでしょう。まさに、それを想像していただければいいのです。「算木」というのは、昔計算する際に使ったもので、竹や骨などを材料に箸状のものを作って使っていました。산통점〈算筒占〉は、大変細い算木に1から8までの数字を彫り、算筒の中に入れて振った後、左手で算木を3回取り出して吉凶禍福の運勢を判断することをいいます。
　ところが、このような算木を入れておく算筒が壊れれば、占いができなくなるので、算筒占いをして生計を立てている占い師たちにとっては、大問題になりますよね。
　ですので「산통을 깬다 (算筒を壊す)」または「산통이 깨진다 (算筒が壊れる)」という言葉は、ある事が実現できないように覆したり、覆されたりということを指す言葉になりました。参考までに、「산통」は [산ː통] と長音で発音します。

16 걸맞다 CD1-TR16

격에 맞게 어울린다는 뜻으로 자주 사용하고 있는 '걸맞다'라는 표현이 있습니다. 그런데 이 표현을 사용하는 것을 잘 들어 보면 '걸맞은'이라는 형태로 말하는 경우보다는 '걸맞는'이라는 형태로 말하는 경우가 훨씬 더 많습니다. 그렇다면 여러분은 '수입에 걸맞는 생활'과 '수입에 걸맞은 생활'이라는 표현 중에서 어느 것이 올바른 표현이라고 생각하십니까?

결론부터 말씀드리면 '수입에 걸맞은 생활'이 맞는 표현입니다. '걸맞다'라는 말은 두 편의 정도가 서로 비슷하거나 격에 맞게 어울린다는 뜻의 형용사입니다. 형용사의 경우는 뒤에 오는 명사를 꾸며 줄 때, '나쁜'이나 '좋은'처럼 형용사에 '-ㄴ'이나 '-은'을 붙이게 돼 있습니다. 그러므로 '걸맞다'라는 말은 형용사이기 때문에 뒤의 명사를 꾸며 줄 때는 '걸맞은'이라고 씁니다.

그렇다면 왜 '걸맞는'이라는 잘못된 형태가 자주 나오는 것일까요?
이것은 아마도 '걸맞다'와 글자의 모양과 뜻이 비슷한 단어인 '맞다'를 연상하기 때문이 아닌가 생각됩니다. 그런데 '맞다'라는 말은 '걸맞다'와는 달리 동사입니다. 동사의 경우는 뒤의 명사를 꾸며 줄 때, 동사 뒤에 '-는'을 붙이기 때문에 '맞는'이라고 씁니다. 예를 들어서 '몸에 잘 맞는 옷'이라든가 '마음이 맞는 사람'과 같이 '맞는'이라고 쓰는 것입니다.

ふさわしい

　釣り合いが取れて似合うという意味でしばしば使っている「걸맞다 (ふさわしい)」という表現があります。しかし、この表現を使っているのをよく聞いてみると、「걸맞은」の形で言うよりも「걸맞는」という形で言うことの方がはるかに多いです。それでは、皆さんは「수입에 걸맞는 생활」と「수입에 걸맞은 생활」という表現のうち、どちらが正しい表現だと思われますか？

　結論から申し上げれば、「수입에 걸맞은 생활 (収入に見合った生活)」が正しい表現です。「걸맞다」という言葉は、両方の程度がよく似ていたり、釣り合いが取れて似合っていたりするという意味の形容詞です。形容詞の場合は、後に来る名詞を修飾するとき「나쁜 (悪い)」や「좋은 (良い)」のように、形容詞に「-ㄴ」や「-은」を付けることになっています。従って、「걸맞다」という言葉は形容詞なので、後の名詞を修飾するときは「걸맞은」と書きます。

　では、なぜ「걸맞는」という間違った形がよく出てくるのでしょうか？
　これは、おそらく「걸맞다」と文字の形や意味が似ている単語である「맞다 (合う)」を連想するためではないかと思われます。しかし「맞다」という言葉は「걸맞다」とは異なり動詞です。動詞の場合は、後の名詞を修飾するとき、動詞の後ろに「-는」を付けるので「맞는」と書きます。例を挙げると「몸에 잘 맞는 옷 (体によく合う服)」や「마음이 맞는 사람 (気が合う人)」のように「맞는」と書くのです。

17 ○○○ 씨 / 선배님

직장에서는 많은 사람들을 만나게 되고, 또 만나는 사람들과의 관계를 위해서는 직장에서의 언어 예절이 매우 조심스럽다고 할 수 있습니다.

우선 직함이 없는 동료끼리는 남녀를 불문하고 '김동수 씨' 하고 성과 이름을 모두 부르거나, 상황에 따라 '동수 씨' 하고 이름만 부를 수 있습니다. 동료 중에서는 친한 사이인 경우에 '○○야' 하고 이름만 부르는 경우가 있는데, 이것은 사석이라면 몰라도 공적인 직장에서 이렇게 이름만 부르는 것은 바람직하지 않습니다.

그리고 나이가 많은 동료 직원이나 직함이 없는 선배를 부르는 경우에는 '○○○ 씨'라고 부르기가 어렵습니다. 이런 경우에는 그냥 '선배님'이라고 한다거나 '김 선배님', '이 선배님' 등과 같이 앞에 성을 붙여서 부르는 것이 좋습니다.

직장에서 들을 수 있는 호칭 가운데 '형'이 있습니다. 가정에서는 윗사람에게 부르는 이 '형'이라는 말이, 사회에서는 동년배나 아랫사람에게 쓰는 말입니다. 그래서 남자 직원이 동료 남자 직원을 부를 때 '이 형'과 같이 성 뒤에 '형'을 붙여서 부를 수 있습니다. 그러나 여직원이 남자 직원을 '김 형'과 같이 부르는 것은 바른 호칭어가 아닙니다. 동료 직원에 대한 호칭어를 제대로 사용하면서 원만한 직장 생활을 하시기 바랍니다.

◯◯◯さん／先輩

　職場ではたくさんの人と出会いますし、また出会う人との関係のためには、職場での言葉のエチケットに、とても気を使わなくてはなりません。

　まず、肩書のない同僚同士は男女を問わず、「김동수 씨（キム・ドンスさん）」と名字と名前を両方とも呼んだり、状況によって「동수 씨（ドンスさん）」と名前だけ呼んだりすることができます。同僚の中でも、親しい間柄の場合に「◯◯야（◯◯）」と、名前だけで呼ぶ場合がありますが、これはプライベートな場ならいざ知らず、公的な職場でこのように名前だけで呼ぶのは望ましくありません。

　そして、年上の同僚職員や肩書のない先輩を呼ぶ場合には、「◯◯◯ 씨（◯◯◯さん）」とは呼べません。このような場合は「선배님（先輩）」や、「김 선배님（キム先輩）」、「이 선배님（イ先輩）」などのように、前に姓を付けて呼ぶのがよいでしょう。

　職場で聞かれる呼称の中に「형（お兄さん）」があります。家庭では目上の人に呼び掛けるこの「형」という言葉が、社会では同年輩や目下に使う言葉です。従って、男性職員が同僚の男性職員を呼ぶとき、「이 형（イさん）」のように姓の後に「형」を付けて呼ぶことができます。しかし、女性職員が男性職員を「김 형（キムさん）」のように呼ぶのは正しい呼び方ではありません。同僚職員に対する呼称を正しく使用しながら、円満な職場生活を送ってください。

18 손수 / 직접 CD1-TR18

　모 텔레비전 프로그램에서 몇 명의 대학생들이 자동차를 빌려서 유럽의 몇 개 나라를 여행한 이야기가 소개되는 것을 본 적이 있습니다. 그런데 이 프로그램의 진행자는 그 학생들의 이야기를 다 듣고 나서 다음과 같이 말했습니다.

　"저도 다시 대학생이 된다면 저렇게 손수 운전하면서 여행했으면 좋겠습니다."

　진행자의 말 가운데 어법에 맞지 않는 것이 하나 있습니다.
　여기에서는 '손수 운전하면서'라는 말이 바른 표현이 아닙니다. 이 '손수'라는 말은 사전적인 의미로는 '직접 제 손으로' 또는 '제 스스로'라는 뜻으로, 말하는 사람이 자기 자신을 가리켜서 말할 때는 쓸 수 없는 표현입니다.
　'손수'는 상대방이 직접 손으로 뭔가를 했을 때 존대하면서 말하는 표현이기 때문입니다. 예를 들어서 '선생님께서 손수 준비하셨습니다.'라든가 '할머니께서 손수 장만해 주셨습니다.'와 같이 웃어른이 직접 손으로 무엇인가를 했다고 할 때 쓸 수 있는 것입니다.

　따라서 '저도 손수 운전하면서 여행했으면 좋겠습니다.'라고 말한 것은 자기 스스로를 높이는 결과가 되는 거죠. 이 경우에는 '저도 직접 운전하면서 여행했으면 좋겠습니다.'라고 말하는 것이 어법에 맞는 표현입니다.

48

手ずから／直接

　とあるテレビ番組で、何人かの大学生が自動車を借り、ヨーロッパ数カ国を旅した話が紹介されたのを見たことがあります。ところで、この番組の司会者はこの学生たちの話を全て聞いた後で、次のように言いました。

　　「私ももう一度大学生になるとしたら、あんなふうに手ずから運転して旅行できたらいいですね。」

　司会者の言葉の中で文法的に間違っている所が一つあります。
　ここでは「손수 운전하면서 (手ずから運転して)」という言葉が正しい表現ではありません。この「손수」という言葉は、辞書に載っている意味だと「直接自分の手で」または「自分自ら」という意味であり、話し手が自分自身を指して話すときには使うことができない表現です。
　「손수」は、相手が直接自らの手で何かをしたときに、尊敬して言う表現だからです。例えば「선생님께서 손수 준비하셨습니다．(先生が、手ずから準備なさいました。)」であるとか、「할머니께서 손수 장만해 주셨습니다．(おばあさんが手ずから準備してくださいました。)」のように、目上の人が直接自らの手で何かをしたと言うときに使えるものです。

　従って、「저도 손수 운전하면서 여행했으면 좋겠습니다．(私も手ずから運転して旅行できたらいいですね。)」と言うのは、自分自身を高める結果になりますね。この場合には「저도 직접 운전하면서 여행했으면 좋겠습니다．(私も自ら運転して旅行できたらいいですね。)」と言うのが文法的に正しい表現です。

49

19 이바지

CD1-TR19

　요즘은 1년 내내 결혼식을 많이 하지만 그래도 날씨가 좋은 봄철이나 가을철에 결혼하는 분들이 많습니다. 여성들 가운데는 '5월의 신부'가 되고 싶어 하는 분들이 많다고 하는데, 아마도 아름다운 자연과 좋은 날씨 때문에 신부의 모습이 더욱 아름답게 보이기 때문이 아닐까요?
　결혼식이 끝나고, 신혼여행을 다녀온 신랑 신부는 먼저 신부의 친정으로 가서, 거기서 며칠 지내고 시댁으로 갑니다. 이때 신부의 친정에서 여러 가지 음식을 장만해서 시댁으로 보내는데, 이것을 가리켜서 '이바지'라고 합니다.
　'이바지'라는 말은 '이받다'라는 말에서 파생된 것입니다. '이받다'란 말은 원래는 '잔치하다'란 의미로, 음식 따위를 만들어 보낸다는 뜻으로 바뀐 것입니다.

　어떤 일에 도움이 되게 한다거나 공헌을 한다고 할 때도 '이바지하다'란 표현을 쓰는데, 예를 들어서 '그는 우리나라 경제 발전에 크게 이바지한 사람이다.'와 같이 말합니다.

　새색시가 시댁으로 들어가면서 이바지를 준비해 가는 것은 우리 고유의 아름다운 풍속이라고 할 수 있습니다. 그러나 이바지 음식을 비싼 값에 맞춰서 가져가는 것은 미풍양속이 아니라 오히려 허례허식에 지나지 않을 수도 있습니다. '비싼 이바지'보다는 '정성이 담긴 이바지'가 더 바람직하겠지요?

貢献、嫁入り土産

　最近は1年を通して、結婚式をよく挙げますが、それでも気候のいい春や秋に結婚する方が多いです。女性の中には「5月の新婦」になりたがる方が多いといいますが、おそらく美しい自然と良い天気のおかげで、新婦の姿がより美しく見えるからではないでしょうか？

　結婚式が終わって、新婚旅行に行ってきた新郎新婦は、まず新婦の実家に行き、そこで数日過ごしてから嫁ぎ先の家に行きます。このとき、新婦の実家からさまざまな食べ物を用意して嫁ぎ先の家に贈るのですが、これを指して「이바지（嫁入り土産）」と言います。

　「이바지」という言葉は「이받다（もてなす）」という言葉から派生したものです。「이받다」という言葉は、もともと「잔치하다（宴会する）」という意味でしたが、食べ物などを作って贈るという意味に変わったのです。

　ある事柄の役に立つようにするとか、貢献をすると言うときにも「이바지하다（寄与する）」という表現を使い、例えば「그는 우리나라 경제 발전에 크게 이바지한 사람이다.（彼は韓国の経済発展に大きく寄与した人だ。）」のように言います。

　花嫁が嫁ぎ先の家に入るとき、이바지を準備していくことは、韓国固有の美しい風習だといえます。しかし、이바지の食べ物に高額なものを持っていくのは、美風良俗ではなく、むしろ虚礼虚飾にすぎないこともあります。「高額な이바지」よりは「真心の込もった이바지」がより望ましいですよね？

20 붇다 / 불다

"국수가 불면 맛이 없으니까 불기 전에 어서 드세요."

라면이나 국수 종류를 먹을 때, 시간이 지나면 맛이 없어지죠. 그래서 맛이 없어지기 전에 어서 드시라고 말할 때 자주 사용하는 표현입니다. 그런데 앞의 보기에서는 두 가지가 잘못돼 있습니다.

물에 젖어서 부피가 커진다는 뜻을 가진 동사의 기본형은 '불다'가 아니라 '붇다'입니다. '붇다'는 '걷다'나 '듣다'와 같은 'ㄷ 불규칙 동사'이기 때문에 뒤에 '-기'와 같은 자음으로 시작하는 말이 올 때는 '붇기'가 맞습니다.
그러나 뒤에 모음으로 시작되는 어미가 올 때는 '국수가 불으면, 체중이 불어서'처럼 'ㄷ'이 'ㄹ'로 바뀌는 것입니다.

간혹 '국수가 불면, 체중이 불면'과 같이 '으'를 빼고 쓰는 경우가 있는데 이것은 잘못된 것입니다. '걷다'나 '듣다'가 '걸으면, 들으니'와 같이 바뀌는 것을 생각해 본다면 쉽게 이해가 될 것입니다.

'붇기'를 '불기'로, '불으면'을 '불면'으로 잘못 생각하는 것은 바로 동사의 기본형을 '불다'로 잘못 알고 있기 때문에 나타나는 현상입니다.

伸びる

「うどんは伸びるとおいしくないので、伸びる前に早くお召し上がりください。」

ラーメンやうどん類を食べるとき、時間がたつとおいしくなくなりますよね。ですので、おいしくなくなる前に早く召し上がれと言うときに、よく使う表現です。しかし、上の例では２カ所間違っています。

水にぬれて体積が増すという意味を持つ動詞の基本形は「불다」ではなく「붇다（伸びる、増える）」です。「붇다」は「걷다（歩く）」や「듣다（聞く）」と同じ「ㄷ変則動詞」なので、後ろに「-기」のような子音から始まる言葉が来るときは「붇기」が正しいです。

しかし、後ろに母音から始まる語尾が来るときは、「국수가 불으면（うどんが伸びると）、체중이 불어서（体重が増えて）」のように「ㄷ」が「ㄹ」に変わるのです。

時折「국수가 불면、체중이 불면」のように「으」を抜いて書くことがあるのですが、これは誤りです。「걷다」や「듣다」が「걸으면（歩くと）、들으니（聞くので）」のように変わることを考えてみれば、たやすく理解ができるはずです。

「붇기」を「불기」と、「불으면」を「불면」と勘違いするのは、動詞の基本形を「불다」と誤解していることから生じる現象なのです。

21 -아 / 어지다, -아 / 어하다   CD1-TR21

'2002 한일 월드컵 대회'에서 붉은 악마 단원들이 카드 섹션을 해서 좋은 반응을 얻었습니다. 한국과 독일이 준결승전을 했을 때 카드 섹션으로 보여 줬던 내용이 무엇이었는지 기억하시겠습니까? 그것은 바로 '꿈☆은 이루어진다'였습니다. 그 경기 이후로 이 표현이 우리 생활 속에서도 자주 인용돼 힘과 용기와 꿈을 주는 친숙한 표현으로 자리잡은 것 같습니다.

그런데 간혹 뒷부분에 나오는 '이루어진다'를 붙여서 쓰는 경우도 있고, 또 '이루어'와 '진다'를 띄어서 쓰는 경우도 있는데, 어느 것이 맞을까요?

이것은 붙여서 쓰는 것이 맞습니다. '-어지다'라는 것은 '이루어지다, 찢어지다'와 같이 동사 어간에 붙어서 수동이나 자동의 뜻을 나타내는 종결어미입니다. 또 '길어지다, 젊어지다'와 같이 형용사의 어간에 붙어서 동사로 바꿔 주는 역할을 하기도 합니다. '-어지다'라는 말은 하나의 어미이고, 앞말의 품사를 바꾸는 경우가 있기 때문에 일률적으로 붙여 쓰도록 돼 있습니다.

그리고 '기쁘다, 아프다, 행복하다'와 같은 형용사를 '기뻐하다, 아파하다, 행복해하다'와 같은 동사로 바꾸는 구실을 하는 것으로 형용사 어간 뒤에 '-어하다'를 붙일 때가 있는데, 이 경우에도 역시 '기뻐'와 '하다'를 띄어 쓰지 않고 하나의 단어처럼 붙여서 쓰는 것이 맞습니다.

〜くなる、〜がる

「2002日韓ワールドカップ大会」で赤い悪魔[訳注1]の団員がカードセクション[訳注2]をして好評でした。韓国とドイツの準決勝で掲げられたカードセクションの内容が何だったか覚えていますか？　それは「꿈☆은 이루어진다 (夢☆はかなう)」でした。この試合以降、この表現が私たちの生活の中でも度々引用され、力と勇気と夢を与える身近な表現として定着したようです。

しかし時折、後半部分の「이루어진다 (かなう)」を付けて書くこともあり、また「이루어」と「진다」を離して書くこともあるのですが、どちらが正しいでしょうか？

これは付けて書くのが正しいです。「- 어지다 (〜くなる)」というのは、「이루어지다 (かなう)、찢어지다 (破れる)」のように動詞の語幹に付いて受動や自動の意味を表す終結語尾[訳注3]です。また「길어지다 (長くなる)、젊어지다 (若くなる)」のように形容詞の語幹に付いて動詞に変える役割もします。「- 어지다」という言葉は一つの語尾であり、前の言葉の品詞を変える場合があるので、一律に付けて書くことになっています。

そして「기쁘다 (うれしい)、아프다 (痛い)、행복하다 (幸せだ)」のような形容詞を「기뻐하다 (喜ぶ)、아파하다 (痛がる)、행복해하다 (幸せそうにする)」のように動詞に変える役割として、形容詞の語幹の後ろに「- 어하다 (〜がる)」を付けることがありますが、この場合もやはり「기뻐」と「하다」を分かち書きせず、一つの単語のように付けて書くのが正しいです。

訳注1：1998年FIFAワールドカップ大会のアジア予選で設立された、韓国代表チームを組織的に応援するサポータークラブ。その名称が公募で赤い悪魔と決まった。
訳注2：色紙で文字や模様を作ること。
訳注3：実際は、終結語尾ではなく補助語幹動詞または接尾辞とする立場が一般的である。

22 앎 / 알음 CD1-TR22

  동사를 명사로 만드는 방법에는 여러 가지가 있는데 '살다'처럼 'ㄹ' 받침이 있는 경우에는 어떻게 할까요?
  'ㄹ' 받침이 있는 경우에는 받침이 없는 경우와 마찬가지로 생각해서 'ㄹ' 받침에 'ㅁ'을 덧붙여서 '삶'으로 만듭니다. 다시 말해서, 'ㄻ' 받침을 가진다는 얘기입니다.

  그런데 '알다'의 경우는 이것과 조금 다릅니다. 이 말은 'ㅁ'을 붙여서 'ㄻ' 받침이 있는 '앎'과, '음'을 붙여서 만드는 '알음'이라는 두 개의 명사가 있고, 이 두 개의 파생명사는 그 뜻이 서로 구분되어 쓰입니다.

  먼저 '앎'은 지식이라는 뜻으로 쓰여서 '앎은 힘이다'와 같이 말함으로써 안다는 것, 즉 '지식은 힘이다' 라는 뜻을 나타냅니다.
  반면에 '알음'이라는 말은 사람끼리 서로 아는 일이라는 뜻입니다. 그래서 '알음알음으로 사람을 뽑았다'고 하면 '서로 아는 관계를 통해서 사람을 뽑게 됐다'는 뜻이 됩니다.

  '알다'의 명사는 '앎'과 '알음', 두 가지가 있습니다.

知識／知り合い

　動詞を名詞にする方法にはいろいろありますが、「살다 (生きる、住む)」のように「ㄹ」パッチムがある場合はどうでしょうか？
　「ㄹ」パッチムがある場合は、パッチムがない場合と同様に考え「ㄹ」パッチムに「ㅁ」を付け足して「삶」とします。すなわち「ㄻ」というパッチムを持つということです。

　しかし、「알다 (知る)」の場合は、これとは少し違います。この語は「ㅁ」を付けた「ㄻ」パッチムの「앎」と、「음」を付けて作る「알음」という二つの名詞があり、この二つの派生名詞はその意味がそれぞれ区別されて使われます。

　まず「앎」は知識という意味で使われ、「앎은 힘이다」と言うことによって、知るということ、つまり「知識は力だ」という意味を表します。
　一方、「알음」という言葉はお互いに知り合いであるという意味です。従って「알음알음으로 사람을 뽑았다」と言えば、「お互いに知り合いという関係で人を採用した」という意味になります。

　「알다」の名詞は「앎」と「알음」、2種類あります。

23 걷잡다 / 겉잡다   CD1-TR23

"화약 폭발로 불길이 걷잡을 수 없이 치솟고 있습니다."
"도로 공사는 앞으로 겉잡아 두 달은 걸릴 것입니다."

두 개의 예문에서 [걷짭따]라는 동사가 나왔습니다.
첫 예문에서는 '불길이 걷잡을 수 없이 치솟고 있습니다.' 라고 했는데, 이 경우에는 '거두어 바로잡다'라는 뜻으로 '걷잡다' 입니다.
두 번째 예문은 '겉잡아 두 달은 걸릴 것입니다.'라고 했는데, 이것은 '겉으로 보고 대강 셈쳐서 어림잡는다'는 뜻입니다. 그래서 이 경우에는 '겉잡다' 입니다. 두 단어가 발음은 같지만 뜻은 전혀 다릅니다.

이와 비슷한 경우의 예로 [나:달]이라고 발음되는 단어가 있습니다. 예를 들어서 '[나:달] 하나라도 아껴야 한다.' '구슬이 [나:달]로 흩어졌다.'란 문장에서 각각 [나:달]로 발음한 단어를 어떻게 쓸까요?

첫 예문에서는 곡식의 알을 가리키는 말로 '낟알' 입니다. 그리고 두 번째 예문에서는 '낱알'로 쓰는데 여기서 '낱'은 셀 수 있게 된 물건의 하나하나를 뜻하는 명사로 그 뒤에 다양한 낱말과 결합해서 '낱개, 낱권'과 같은 새로운 단어를 만듭니다.

食い止める／ざっと見積もる

「火薬の爆発で、火の手がくい止められないほどに燃え上がっています。」

「道路工事は、この先ざっと見積もって2カ月はかかります。」

二つの例文に［걷잡따］と発音される動詞が出てきました。

一つ目の例文には「불길이 걷잡을 수 없이 치솟고 있습니다.」とありましたが、この場合は「거두어 (収めて) 立て直す」と言う意味で「걷잡다」です。

二つ目の例文は「걷잡아 두 달은 걸릴 것입니다.」とありましたが、これは「겉 (外) から見てざっと計算して見積もる」という意味です。従ってこの場合は「겉잡다」です。二つの単語は、発音は同じでも意味は全く違います。

これと似た例として、［나ː달］と発音される単語があります。例えば「［나ː달］하나라도 아껴야 한다. (穀物の粒一つでも大切にしなければならない。)」「구슬이 ［나ː달］로 흩어졌다. (玉がばらばらに散らばった。)」という文章において、それぞれ［나ː달］と発音する単語をどう書くでしょうか?

一つ目の例文では、穀物の粒を指す語で「낟알」です。そして二つ目の例文では「낱알」と書くのですが、この「낱」は数えられる物の一つひとつを意味する名詞で、その後ろにさまざまな単語が結合し、「낱개 (1個1個)、낱권 (1巻1巻)」のような新たな単語を作ります。

59

24 씨가 안 먹힌다 CD1-TR24

"아무리 좋은 핑계를 대고 이번 일에서 빠지려고 해도 소용없을걸. 그 친구한테는 전혀 씨가 안 먹히는 얘기일 테니까."

흔히 이치에 닿지 않는 소리나 말이 안 되는 소리를 할 때 '씨가 안 먹힌다.' 또는 '씨도 먹히지 않는 얘기다.' 하고 핀잔하는 말을 합니다. '씨가 안 먹힌다'는 말은 어디에서 나온 표현일까요?

요즘은 공장에서 옷감을 만들어 내지만, 이런 공장이 없던 옛날에는 집에서 베틀을 가지고 옷감을 짜서 쓰곤 했습니다.
베는 세로실과 가로실을 교차시켜서 짜는데, 세로실을 '날'이라고 하고 가로실을 '씨'라고 했습니다.
날실 사이를 씨실이 한 올 한 올 잘 먹혀야 옷감이 곱게 짜집니다. 그렇지만 여름철 비가 올 때처럼 습기가 많을 때는 씨실과 날실 사이가 빽빽해져서 씨실이 잘 먹히지 않습니다. 그래서 옷감을 짜기가 힘들어지죠. 바로 이와 같은 경우를 가리켜서 '씨가 먹히지 않는다'고 말하는 것입니다.

그런데 이 말의 뜻이 바뀌어서 '말도 안 되는 소리'라는 뜻으로 쓰이고 있습니다.

筋が通らない

「どんなにうまい言い訳をして今回の仕事から抜けようとしても無駄だよ。その人にとっては、全く筋の通らない話だろうから。」

よく、道理にかなわない話や話にならないようなことを言うとき、「씨가 안 먹힌다.(筋が通らない。)」または「씨도 먹히지 않는 얘기다.(筋の通らない話だ。)」と、責める言い方をします。「씨가 안 먹힌다」という言葉はどこから出てきた表現でしょうか?

最近は、工場で服地を生産しますが、そのような工場がなかった昔は、家庭で織り機を使って服地を織って使っていました。
布は縦糸と横糸を交差させて織るのですが、縦糸を「날」と言い、横糸を「씨」と言いました。
縦糸の間を、横糸が1本1本うまく通ってこそ服地がきれいに織られます。しかし、夏場に雨が降るときのように湿気が多いときは、横糸と縦糸の間が詰まってしまって横糸がうまく通りません。そうなると服地を織るのが大変になりますよね。まさに、このような場合を指して「씨가 먹히지 않는다 (横糸が通らない)」と言うのです。

そうした中で、この言葉の意味が変化して「話にもならないこと」という意味で使われています。

25 목돈 / 몫돈 CD1-TR25

"우리 집은 대학교 다니는 애들이 둘이라 등록금 낼 때만 되면 목돈 준비하기가 힘들어요."

대학생 자녀를 둔 가정에서는 등록금 마련하는 일이 여간 힘든 일이 아닙니다. 그래서 등록금을 낼 때쯤 되면 이런 말씀을 하시는 분들을 자주 볼 수 있습니다.
이렇게 부스러뜨리지 않고 한목으로 들어오거나 나가는 돈을 '목돈'이라고 하는데, 이것을 '목돈'이라고 쓰는 분도 있고 '몫돈'이라고 쓰는 분들도 있는데 이 경우에는 '목돈'이 맞습니다.

반면에 '몫'은 '여럿으로 나누어 가지는 각 부분'이라는 뜻이 있습니다. 예를 들어서 '각자의 몫을 나눕시다.'라든가 '내 몫은 얼마요?'와 같이 쓸 수 있습니다.
또한 여러 개로 나눈 부분을 셀 때 쓰는 말로 '한 사람이 두 몫을 한다.'와 같이 쓰기도 합니다.

참고로 '목이 좋아야 장사가 잘된다'는 말을 하는데, 여기서는 장소가 좋아야 장사가 잘된다는 뜻입니다. 이 경우에 간혹 '몫이 좋다'고 하는 분들도 있습니다만, 이때는 '목이 좋다'가 올바른 표현입니다.

まとまったお金

「うちの家は大学に通う子どもが２人いるので、授業料を納める時期になると、まとまったお金を準備するのが大変です。」

　大学生の子どもがいる家庭では、授業料を準備するのが並大抵のことではありません。そこで授業料を納める時期になると、こんなことをおっしゃる方をよく見ます。
　このように、少しずつ分けてではなく、まとまって入ってきたり出ていったりするお金を「목돈」と言うのですが、これを「목돈」と書く方もいれば、「몫돈」と書く方もいます。この場合「목돈」が正しいです。

　一方、「몫」は「何人かで分けて所有するそれぞれの部分」という意味があります。例えば「각자의 몫을 나눕시다.(各自の取り分を分けましょう。)」とか「내 몫은 얼마요?(私の分け前はいくらですか?)」のように使うことができます。
　また、幾つかに分けたものを数えるときに使う言葉として「한 사람이 두 몫을 한다.(1人が2人分のことをする。)」というように使うこともあります。

　参考までに「목이 좋아야 장사가 잘된다」という言い方をしますが、これは、場所が良ければ商売がうまくいくという意味です。これを、時々「몫이 좋다」と言う人たちもいますが、このときは「목이 좋다」が正しい表現です。

26 띄어쓰기 CD1-TR26

　일상생활에서 접하게 되는 글을 보면 띄어쓰기가 제대로 되어 있지 않은 것들이 상당히 많습니다. 특히 표어나 안내 표지 같은 것에서 띄어쓰기를 잘못한 것을 보면 참 안타깝다는 생각이 듭니다.

　우리말에서 두 말을 이어 주거나 열거할 때 쓰는 말로 '-와/과, -하고, -랑' 같은 것들이 있습니다. 예를 들어서, '사과와 배' '산과 바다' '책하고 공책' '언니랑 동생'에서처럼 '-와/과, -하고, -랑'은 앞 명사에 붙여 써야 합니다. 조사는 독립성이 없기 때문에 다른 단어 뒤에 종속적인 관계로 존재하는 것입니다.

　그런데 두 말을 이어 주거나 열거할 때 쓰이는 말 중에서 '사과 및 배'에서와 같이 쓰는 '및'이라는 말은 접속 부사로서 앞 명사에 붙여 쓰지 않고 띄어서 써야 합니다.

　이와 비슷한 경우가 한 달에서 두 달 사이라는 뜻으로 쓰는 '한 달 내지 두 달'에 쓰인 '내지'라는 말입니다. 이 말 역시 접속 부사로 앞의 명사와 띄어서 씁니다.

　그 밖에도 명사를 여러 개 나열해 놓고 그 다음에 쓰는 '등, 등등, 등지'의 경우에 명사 뒤에 붙여서 써 놓은 것을 자주 볼 수 있는데, 이 경우에는 열거의 뜻을 표시하는 의존 명사이므로 띄어 써야 합니다.

分かち書き

　日常生活で接する文章を見ると、分かち書きがきちんとされていないものがかなり多いです。特に、標語や案内表示のようなもので分かち書きをきちんとしていないものを見ると、実に残念な思いがします。

　韓国語で二つの言葉をつないだり、列挙したりするときに使う語として「- 와／- 과、- 하고、- 랑 (〜と)」などがあります。例えば「사과 와 배 (リンゴとナシ)」、「산과 바다 (山と海)」、「책하고 공책 (本とノート)」、「언니랑 동생 (姉と妹)」のように「- 와／- 과、- 하고、- 랑」は前の名詞に付けて書かなければなりません。助詞は独立性がないので、他の単語の後に従属的な関係で存在するものです。

　ところで、二つの言葉をつないだり列挙したりするときに使われる語の中で「사과 및 배 (リンゴならびにナシ)」のように使う「및 (ならびに)」という語は接続副詞[訳注1]であり、前の名詞に付けて書くのではなく、離して書かなければなりません。

　これと似たケースが、ひと月からふた月の間という意味の「한 달 내지 두 달 (ひと月ないしふた月)」で使われる「내지 (ないし)」という語です。この言葉もやはり接続副詞で、前の名詞と離して書きます。

　その他にも、名詞を幾つか羅列しておいて、その次に使う「등 (など)、등등 (などなど)、등지 (などの地)」の場合に名詞の後に付けて書いているのをよく見ますが、この場合は列挙の意味を表示する依存名詞なので、離して書かなければなりません。

訳注1：日本語文法でいう接続詞に相当する。

27 화사하다   CD1-TR27

따뜻하고 맑은 봄날을 가리켜서 '화창한 봄날'이라고 말하기도 하는데, '화창(和暢)하다'는 말은 대개 날씨와 마음씨가 부드럽고 맑은 것을 가리키는 말입니다.

그렇다면 사람의 옷차림이나 분위기가 '환하고 아름답다'고 할 때는 뭐라고 할까요?
흔히 '옷차림이 화사하네요.' 또는 '화사하게 입었군요.'와 같이 '화사(華奢)하다'란 표현을 씁니다.

요즘은 '화사하다'는 말을 '환하고 아름답다'는 의미로 주로 상대방의 옷차림이나 분위기를 칭찬할 때 사용하고 있지만, 2, 30년 전만 해도 지금과는 다른 의미로 사용됐습니다.
'화사하다'는 말에서 '화(華)'자는 '화려하다'의 뜻이고, '사(奢)'자는 '사치스럽다'는 뜻으로, 즉 '화려하고 사치스럽다'는 뜻이었습니다. 그래서 주로 부정적인 의미로 사용됐기 때문에 다른 사람들로부터 '화사하다'란 말을 듣는 것이 그다지 좋은 일이 아니었다고 합니다.

시간이 가면서 시대도 바뀌고, 말의 뜻도 달라지게 된다는 것을 느끼게 해 주는 말입니다.

華やかである

　暖かく晴れた春の日を指して「화창한 봄날 (のどかな春の日)」と言いもしますが、「화창〈和暢〉하다」という言葉は普通、天気や気立てが穏やかで明るいことを指す言葉です。

　では、人の服装や雰囲気が「明るくて美しい」と言うときは何と言うでしょうか？
　よく「옷차림이 화사하네요. (装いが華やかですね。)」や「화사하게 입었군요. (華やかに装っていますね。)」のように「화사〈華奢〉하다」という表現を使います。

　最近は「화사하다」という言葉を「明るくて美しい」という意味で、主に相手の服装や雰囲気を褒めるときに使っていますが、20～30年前までは今とは違う意味で使われていました。
　「화사하다」という言葉の「화〈華〉」の字は「派手である」という意味であり、「사〈奢〉」の字は「ぜいたくだ」という意味で、すなわち「派手でぜいたくである」という意味でした。従って主に否定的な意味で使われていたので、他の人から「화사하다」という言葉を聞くことは、それほどいいことではなかったといいます。

　時がたち時代も変わり、言葉の意味も変わっていくということを感じさせてくれる言葉です。

28 터무니없다 CD1-TR28

"이번 달부터 월급이 많이 오른다고 하지요?"

"네? 이렇게 어려운 시대에 월급이 오르다니, 어디서 그런 터무니없는 소리를 들었어요?"

"터무니없다니요? 부장님께서 그러시던걸요."

흔히 도무지 이치에 맞지 않거나 믿을 수 없는 것을 가리켜서 '터무니없다'고 말합니다. 그래서 '터무니없는 거짓말'이라고 하면 내용이 허황되고 말도 안 되는 거짓말이라는 뜻이지요.

그런데 '터무니없다'에서 '터무니'는 '정당한 근거나 이유'라는 뜻이지만, 그 외에도 '터를 잡은 자취'라는 또 다른 뜻이 있는 말입니다.

'집터'라든가 '옛 성터'라는 말에서 볼 수 있듯이 '터'라는 것은 집이나 건축물을 세울 자리나 이미 세웠던 자리를 가리키는 말입니다.

이미 건물이 들어섰던 자리는 집을 헐어 내도 주춧돌을 놓았던 자리나 기둥을 세웠던 자리들이 흔적으로나마 남아 있는 경우가 많습니다. 그런데 이런 흔적조차도 없을 때에는 그 자리에 과연 건축물이 있었는지 또는 만약에 있었다면 어떤 구조물이 있었는지를 알 길이 없을 겁니다.

이와 같이 터를 잡은 자취, 다시 말해서 '터무니'가 없다는 말은 근거가 없다는 뜻이 됩니다. 그래서 결국 내용이 허황돼서 도무지 믿을 수 없는 것을 가리켜서 '터무니없다'고 하는 것입니다.

とんでもない

「今月から月給がすごく上がるんですって？」

「えっ？ こんなに大変なときに月給が上がるだなんて、どこでそんなとんでもないうわさを聞いたんですか？」

「とんでもないですって？　部長がそうおっしゃっていましたよ。」

全く道理に合わないとか、信じられないことを指してしばしば「터무니없다 (とんでもない)」と言います。ですので「터무니없는 거짓말 (とんでもないうそ)」といえば、内容が荒唐無稽で話にもならないうそという意味ですね。

ところで「터무니없다」の「터무니」は「正当な根拠や理由」という意味ですが、それ以外にも「敷地を定めた跡」という別の意味があります。「집터 (家の敷地、屋敷跡)」や「옛 성터 (昔の城跡)」という言葉に見られるように、「터」というのは家や建物を建てる場所や、かつて建てられた場所を指す言葉です。

かつて建物が建てられていた場所は、家を壊しても礎石を置いていた場所や、柱を建てていた場所が痕跡だけでも残っていることが多いです。ところが、そんな痕跡さえもないときには、その場所に果たして建物があったのか、また万一あったとしても、どんな構造物があったのかを知るすべがないのです。

このように、家を建てた跡、つまり「터무니」がないという言葉は、根拠がないという意味になります。そのため結局は、内容が荒唐無稽で到底信じられないことを指して「터무니없다」というのです。

29 고유 명사의 띄어쓰기 CD1-TR29

책이나 잡지 또는 문서에 사람의 이름을 써 놓은 것을 보면, 어떤 것은 성과 이름 사이를 띄어 썼고, 또 어떤 것은 성과 이름을 붙여서 쓴 것을 볼 수 있습니다. 여러분은 어느 것이 맞다고 생각하십니까?

맞춤법 규정에는 성과 이름, 성과 호 등은 붙여 쓰고, 이에 덧붙는 호칭어나 관직명 등은 띄어 쓴다고 되어 있습니다. 성명에 있어서 성과 이름은 별개 단어의 성격을 지니고 있어서 서로 띄어 쓰는 것이 합리적이긴 하지만, 한자 문화권에 속하는 나라들에서는 성명을 붙여 쓰는 것이 통례이고, 우리나라에서도 붙여 쓰는 것이 관용 형식이라고 하겠습니다. 더구나 우리 민족의 성은 거의 대부분 '김, 이, 박' 등과 같이 한 글자로 되어 있어서 보통 하나의 단어로 인식되지 않기 때문에 성과 이름은 붙여 쓰기로 한 것입니다.

그리고 이름과 마찬가지 성격을 지닌 '호'나 '자'가 성에 붙는 형식도 이에 준하는데, 예를 들어서 '율곡 이이'는 '이율곡'으로, '화담 서경덕'은 '서화담'이라고 붙여서 씁니다.

그런데 성과 이름, 성과 호를 분명히 구분할 필요가 있을 경우에는 띄어 쓸 수 있다는 규정이 있습니다. 성 가운데 '남궁'이라든가 '황보' 같이 두 글자로 되어 있는 경우를 예로 들어 보면, '남궁진, 황보영' 같은 성명의 경우, 성과 이름을 붙여 쓰면 각각 성이 '남' 씨인지 '남궁' 씨인지, 그리고 '황' 씨인지 '황보' 씨인지 구별이 잘 안 되기 때문에 이와 같이 성과 이름을 분명하게 밝힐 필요가 있을 때에는 띄어 쓸 수 있도록 한 것입니다.

固有名詞の分かち書き

　本や雑誌、または文書で、人の名前が書いてあるのを見ると、あるものは姓と名の間を分かち書きし、またあるものは姓と名を付けて書いているものが見られます。皆さんはどちらが正しいとお考えですか？

　正書法の規則では、姓と名、姓と号などは付けて書き、これにさらに付く呼称や官職名などは分かち書きをすることになっています。姓名において、姓と名は別個の単語の性格を持っているので、互いに離して書くのが合理的ではありますが、漢字文化圏に属する国々[訳注1]では、姓名を付けて書くのが通例で、韓国でも付けて書くのが一般的といえるでしょう。さらには、韓民族の姓は、ほとんど「金、李、朴」などのように1文字で、普通一つの単語として認識されないため、姓と名は付けて書くことにしたのです。

　そして、名前と同じ性格を持つ「号」や「字（あざな）」が姓に付く形式もこれに準ずるのですが、例えば「율곡 이이（栗谷 李珥）」[訳注2]は「이율곡（李栗谷）」、「화담 서경덕（花潭 徐敬徳）」[訳注3]は「서화담（徐花潭）」と付けて書きます。

　ところで、姓と名、姓と号をはっきりと区別する必要がある場合には、離して書くことができるという規定があります。姓のうち、「남궁（南宮）」や「황보（皇甫）」のように2文字でできている場合を例に取って見ると、「남궁진、황보영」のような姓名の場合、姓と名を付けて書くと、それぞれ姓が「남（南）」さんなのか「남궁」さんなのか、そして「황（黄）」さんなのか「황보」さんなのか区別がきちんとできないので、このように姓と名をはっきりと示す必要があるときには、離して書いてもよいようにしているのです。

訳注1：実際には韓国と北朝鮮のみ当てはまる。
訳注2：朝鮮王朝時代の儒学者。율곡（栗谷）が号、이（李）が姓、이（珥）が名。
訳注3：朝鮮王朝中期の儒学家。화담（花潭）が号、서（徐）が姓、경덕（敬徳）が名。

30 경신 / 갱신

몇 해 전 새로운 주민등록증을 만들기 위해서 각 주민센터에서는 주민등록증 발급 신청을 받은 적이 있습니다. 주민센터에는 '경신 주민등록증 신청 안내'라고 써 놓은 안내문이 흔했습니다. 여러분은 이 안내문의 표현에서 무엇이 잘못됐는지 찾으시겠습니까?

한자어 중에는 같은 한자면서도 그 쓰임에 따라서 한글 표기가 달라지는 말들이 있습니다. '경신(更新)'과 '갱신(更新)'도 그중 하나입니다. '경신'은 옛 것을 고쳐 새롭게 한다는 뜻으로 흔히 종전의 기록을 깬다고 할 때 '경신'이라는 말을 쓸 수 있습니다. 예를 들어서 마라톤 경기나 육상 경기에서 종전의 기록을 깨고 새로운 기록이 나왔을 때 '기록을 경신했다'고 말하는 것입니다.

반면에 '갱신'은 문서를 새로 발급받거나 계약 기간이 만료되었을 때 그 기간을 연장하는 것입니다. 그러므로 주민등록증을 새로 발급받거나 운전면허증의 기간이 다 돼서 새로 만들 때, 그리고 아파트 전세 계약 기간 등이 만료돼서 계약 기간을 연장할 때는 모두 '갱신'한다고 해야 합니다.

따라서 주민센터에 써 있던 안내문에서 '경신 주민등록증 신청 안내'라는 말은 잘못된 것이라는 것을 알 수 있습니다. 이것은 '갱신 주민등록증 신청 안내'라고 써야 맞는 표현이 됩니다.

更新

　何年か前、新しい住民登録証を作るため、住民センターでは住民登録証発給申請を受け付けたことがあります。住民センターでは「경신　주민등록증　신청　안내（更新住民登録証申請案内）」と書かれた案内文をよく見掛けました。皆さんはこの案内文の表現で、どこが間違っているのかお分かりですか？

　漢字語の中には、同じ漢字でありながらも、その使い方によって、ハングルの表記が違ってくる言葉があります。「경신〈更新〉」と「갱신〈更新〉」もそのうちの一つです。「경신」は昔のものを直して新しくするという意味で、よく今までの記録を破ると言うとき「경신」という言葉を使います。例えば、マラソン競技や陸上競技で今までの記録を破り、新しい記録が出たとき「기록을　경신했다．（記録を更新した。）」と言うのです。

　それに対し「갱신」は文書が新たに発給されたり、契約期間が満了になったりしたときに、その期間を延長したりすることです。そのため住民登録証を新たに発給してもらったり、運転免許証の期間が切れて新しく作ったりするとき、そしてアパートのチョンセ[訳注1]の契約期間などが満了になり、契約期間を延長したりするときは、全て「갱신」すると言わなければなりません。

　従って住民センターに書いてあった案内文の「경신　주민등록증　신청　안내」という言葉は間違っていることが分かります。これは「갱신　주민등록증　신청　안내」と書いてこそ正しい表現になります。

訳注1：　不動産の所有者に一定の金額を預けて、その不動産を一定期間借りることをいう語。漢字では〈傳貰〉。

31 들르다 / 들리다

"오는 길에 가게에 들려서 과일 좀 사 왔니?"
"아차, 은행에 들렸다 오느라고 가게에 들리는 걸 잊어버렸네요."

이 대화에서는 잘못된 표현이 반복되어 나왔습니다. 바로 '들리다'라는 표현입니다. '들르다'와 '들리다'는 엄연히 뜻이 다른 말인데도 불구하고 잘못 사용하는 경우가 아주 많습니다.

'들리다'는 '듣다'나 '들다'의 피동이나 사동의 형태로, 다음과 같은 뜻으로 쓰이고, '들리고, 들리지, 들려서' 등으로 활용됩니다.
'노래 소리가 들리다' '○○에게 가방을 들리다' '나쁜 병에 들리다' '몸이 번쩍 들리다' 등입니다.

반면에 '들르다'는 지나는 길에 잠깐 거친다는 뜻으로 '들르고, 들르지, 들러서'와 같이 활용됩니다. 그런데 대부분의 경우, '들리다'나 '들르다'를 모두 '들리다'로 사용해서 이제는 '들르다'라는 말을 들을 기회가 거의 없어지다시피 했습니다. 앞의 대화를 바르게 고치면 다음과 같습니다.

"오는 길에 가게에 들러서 과일 좀 사 왔니?"
"아차, 은행에 들렀다 오느라고 가게에 들르는 걸 잊어버렸네요."

立ち寄る／聞こえる

　「来る途中で店に寄って、果物買ってきた？」
　「あっ、銀行に寄ってきたので、店に寄るのを忘れてしまったわ。」

　この会話では間違った表現が繰り返し出てきました。他ならぬ「들리다」という表現です。「들르다(立ち寄る)」と「들리다(聞こえる)」は全く意味が異なる言葉であるにもかかわらず、間違って使うことがとても多いです。

　「들리다」は「듣다(聞く)」や「들다(持つ)」の受身や使役の形として、次のような意味で使われ、「들리고、들리지、들려서」などと活用されます。
　「노래 소리가 들리다(歌声が聞こえる)」「○○에게 가방을 들리다(○○にかばんを持たせる)」「나쁜 병에 들리다(悪い病気にかかる)」「몸이 번쩍 들리다(体がぐいっと持ち上げられる)」などです。

　これに対し、「들르다」は通り掛かりにちょっと立ち寄るという意味で「들르고、들르지、들러서」のように活用します。ところがほとんどの場合、「들리다」や「들르다」をどちらも「들리다」として使用し、今では「들르다」という言葉を聞く機会がほとんどなくなっているようです。上の会話を正しく直すと、次のようになります。

　「来る途中で店に寄って果物買ってきた？」
　「あっ、銀行に寄ってきたので、店に寄るのを忘れてしまったわ。」

32 소꿉장난 / 깡충깡충 CD2-TR02

　어렸을 때는 누구나 살림살이 흉내를 내는 장난을 해 보기도 하고, '나는 엄마, 너는 아빠.' 하면서 놀곤 했습니다. 그런데 이런 것을 두고 '소꿉장난'이라고 할까요? 아니면 '소꼽장난'이라고 할까요?

　많은 분들이 '소꼽장난'이라고 하지만, 사실 '소꼽장난'은 잘못된 표현이고, '소꿉장난'이 올바른 표현입니다. '소꿉장난'이라는 말에서 나오는 '소꿉'이란 말은 아이들이 소꿉장난할 때 쓰는 장난감을 총칭하는 것입니다.
　'소꿉장난'의 경우는 일반적으로 모음조화, 즉 양성모음은 양성모음끼리, 음성모음은 음성모음끼리 어울린다는 규칙 때문에 '소꼽장난'으로 생각하기 쉽습니다. 그러나 이것은 모음조화의 예외적인 경우로 '소꿉장난'이 올바른 표현입니다.

　'산토끼 토끼야 어디로 가느냐 깡총깡총 뛰면서 어디로 가느냐' '산토끼'라는 동요에 나오는 '깡총깡총'이란 가사의 경우도 역시 '깡충깡충'이 맞습니다.
　또한 의좋게 지내거나 이야기할 때, 흔히 '오손도손'이라는 표현을 쓰는데, 이때도 역시 '오손도손'이 아니라 '오순도순'이 맞습니다.

　'소꿉장난, 깡충깡충, 오순도순'은 모두 모음조화의 예외적인 경우입니다.

ままごと／ぴょんぴょん

　幼いとき、誰でも暮らしをまねた遊びをしたり、「私はママ、あなたはパパ。」と言いながら遊んだりしました。ところでこのような遊びを指して、「소꿉장난」と言いますか？　それとも「소꼽장난」と言いますか？

　多くの人が「소꼽장난」と言いますが、実は「소꼽장난」は誤った表現で、「소꿉장난(おままごと)」が正しい表現です。「소꿉장난」という言葉の「소꿉」という言葉は、子どもたちがままごとをするときに使うおもちゃを総称するものです。
　「소꿉장난」の場合は、一般的に母音調和、すなわち陽性母音は陽性母音同士が、陰性母音は陰性母音同士が一緒に使われる規則があるので、「소꼽장난」だろうと考えがちです。しかし、これは母音調和の例外的なもので、「소꿉장난」が正しい表現です。

　「산토끼 토끼야 어디로 가느냐 깡총깡총 뛰면서 어디로 가느냐(野ウサギ　ウサギよ　どこへ行くのか　ぴょんぴょん跳ねながらどこへ行くのか)」、「산토끼(野ウサギ)」という童謡に出てくる「깡총깡총」という歌詞もやはり、「깡충깡충(ぴょんぴょん)」が正しいです。
　また仲むつまじく過ごしたり話したりするとき、よく「오손도손」という表現を使いますが、これもやはり「오손도손」ではなく「오순도순(仲むつまじく)」が正しいです。

　「소꿉장난、깡충깡충、오순도순」は、全て母音調和の例外的な場合です。

33 틀리다 / 다르다

"내가 미국에 있을 때 보니까 그 사람들은 우리하고 틀리더라."

"미국하고 우리는 틀리잖아. 우리는 우리 나름의 상황이 있는 거 아냐?"

우리가 일상 언어생활에서 잘못 사용하는 표현 가운데 대표적인 것이 아마도 '틀리다'와 '다르다'일 것입니다.

그런데 '틀리다'와 '다르다'는 엄연히 뜻이 다릅니다. '틀리다'의 반대말은 '맞다'이고, '다르다'의 반대말은 '같다'입니다.

따라서 '틀리다'는 '맞지 않는다'는 뜻이고, '다르다'는 '같지 않다'는 뜻이라는 것을 알 수 있습니다.

앞의 대화에서는 미국 사람들과 한국 사람들은 서로 다르고, 또한 미국과 한국은 상황이 다르다는 뜻으로 한 말이지, 어느 나라가 옳고 어느 나라가 그르다는 것을 나타내려고 한 것이 아니었습니다.

그러므로 이 경우에는 '틀리다'라는 표현을 쓸 수 없습니다.

따라서 '그 사람들은 우리하고 다르더라.' '미국하고 우리는 다르잖아.'라고 말해야 정확한 표현이 됩니다.

間違える／違う

「私が米国にいるとき見たけど、その人たちは私たちとは違っていたよ。」

「米国と韓国は違うじゃない。韓国は韓国なりの状況があるってことじゃない？」

　私たちが日常の会話で、誤って使っている表現の中で代表的なものが、おそらく「틀리다（間違える）」と「다르다（違う）」でしょう。

　この「틀리다」と「다르다」は、明らかに意味が異なります。「틀리다」の反対語は「맞다（正しい）」で、「다르다」の反対語は「같다（同じだ）」です。

　つまり「틀리다」は「맞지 않는다（正しくない）」という意味で、「다르다」は「같지 않다（同じではない）」という意味だということが分かります。

　上の会話では、米国人と韓国人は互いに違い、また米国と韓国は状況が違うという意味で言ったのであって、どの国が正しく、どの国が正しくないということを表そうとしたのではありません。

　なので、この場合は「틀리다」という表現を使うことはできません。

　ですから「그 사람들은 우리하고 다르더라．(その人たちは私たちとは違っていたよ。)」「미국하고 우리는 다르잖아．(米国と韓国は違うじゃない。)」と言ってこそ、正しい表現になります。

34 남 / 여   CD2-TR04

　사회생활을 하다 보면 서류를 작성해야 하는 경우가 자주 생깁니다. 거의 모든 서류에서 볼 수 있는 것이 성별을 표시하는 것입니다. 그런데 어떤 경우에는 '남/여'로 써 있고, 또 어떤 경우에는 '남/녀'로 씁니다. 이 둘 중에서 어느 것이 맞는 표기 형태일까요?

　'남자'나 '여자'라는 말은 모두 한자어인데, 이 중에서 '여자(女子)'의 경우는 첫 글자를 한자의 '계집 녀(女)'자를 씁니다. 그런데 이때는 두음법칙을 적용해서 단어의 첫 글자를 '녀'로 쓰지 않고 '여'로 씁니다. 그러므로 '녀자'가 아니라 '여자'라고 부르는 것이죠. 이와 마찬가지로 성별을 쓸 때도 '남'과 '여'를 낱개의 글자로 보고 역시 두음법칙을 적용해서 '남/여'로 쓰는 것이 옳습니다.

　그러나 '남녀평등(男女平等)'이라든지 '남녀차별(男女差別)'이라는 말에서처럼 '남녀(男女)'라는 말이 하나의 단어로 쓰일 때는 두음법칙과는 관계가 없는 경우이기 때문에 '남녀'라고 쓰는 것이 옳습니다.

　그리고 서류에서 간혹 '년월일(年月日)'이라든가 '년도(年度)'라는 것을 볼 수 있는데, 이것 역시 두음법칙이 적용된 '연월일'과 '연도'가 맞는 표기 형태입니다. 그러나 '생년월일'이라는 말은 전체를 하나의 구성으로 봐야 하기 때문에 '해 년(年)'자에 두음법칙이 적용될 수 없으므로 '생연월일'이 아니라 '생년월일'이 맞습니다.

男／女

　社会生活を送っていると、書類を作成しなければならないことがよくあります。ほぼ全ての書類で見られるのが、性別を表示するものでしょう。ところが、あるときは「남／여」と書いてあり、またある時は「남／녀」と書いてあります。この二つのうちどちらが正しい表記でしょうか?

　「남자（男）」や「여자（女）」という言葉はどちらも漢字語ですが、このうち「여자〈女子〉」の場合は、最初の文字に「녀〈女〉」の字を使います。ところがこのときは頭音法則[訳注1]を適用して、単語の最初の文字を「녀」と書かず「여」と書きます。従って「녀자」ではなく「여자」と呼ぶのです。これと同じく、性別を書くときも「남（男）」と「여（女）」を個々の字と見なし、やはり頭音法則を適用して「남／여（男／女）」と書くのが正しいです。

　しかし「남녀평등〈男女平等〉」や「남녀차별〈男女差別〉」という言葉のように、「남녀〈男女〉」という言葉が、一つの単語として使われるときは、頭音法則とは関係がないので、「남녀」と書くのが正しいです。

　そして書類で時折「년월일〈年月日〉」や「년도〈年度〉」というのを見掛けますが、これもやはり頭音法則が適用された「연월일（年月日）」と「연도(年度)」が正しい表記です。しかし「생년월일(生年月日)」という言葉は、全体を一つの構成として見なければならず、「년〈年〉」の字に頭音法則が適用されないので「생연월일」ではなく、「생년월일」が正しいです。

訳注1：漢字語において語頭の子音「ㄴ、ㄹ」の後ろに、ヤ行の母音や「I」が続くとき、子音の「ㄴ、ㄹ」が脱落する現象。

35 손 없는 날

봄, 가을에는 날씨가 좋아서 그런지 결혼하는 분과 이사하는 분들이 많습니다. 특히 '손 없는 날 택일했다'는 얘기를 종종 들을 수 있는데 이 '손'이라는 말은 무엇을 뜻하는 걸까요?

여기서 '손'은 날수를 따라 여기저기로 돌아다니면서 사람의 활동을 방해한다는 귀신을 뜻하는 우리 고유의 말입니다.
그래서 '손 없는 날에 결혼을 한다거나 이사를 한다'는 것은 방해하는 귀신이 없는 날을 택해서 결혼이나 이사를 한다는 뜻이 됩니다.

그리고 '손'이라는 우리 고유의 표현에는 다른 곳에서 찾아온 사람을 뜻하는 말이 있습니다.
이것을 높여서 '손님'이라고 부르는데, '손님'이라는 말은 '손님 마마'라는 말의 준말 형태이기도 합니다. '손님 마마'는 '천연두'를 그렇게 부른 것으로, 이 '마마'라는 말은 한자어에서 온 말로 왕족들에게 두루 쓰였던 것입니다.

'천연두'를 '마마'라고 부른 것은, 무서운 천연두를 '마마'라고 높여 부름으로써 병을 옮기는 귀신을 달래고 그 해악에서 벗어나고자 한 주술적인 의미가 담겨 있는 것입니다.

お化けのいない日

　春、秋は、気候がいいからか結婚する人や引っ越しをする人が多いです。特に「손 없는 날 택일했다（ソンのいない日を選んだ）」という話を時々耳にしますが、この「손」という言葉は何を意味しているでしょうか？

　ここで言う「손」は、日によってあちこち歩きまわり、人の活動を妨害するというお化けを意味する韓国固有の言葉です。

　そこで「손 없는 날에 결혼을 한다거나 이사를 한다」は、妨害するお化けがいない日を選んで結婚や引っ越しをするという意味になります。

　そして「손」という韓国固有の表現には、他の所から訪ねてきた人を意味する言葉があります。

　これを高めて「손님（お客さま）」と呼びますが、「손님」という言葉は「손님 마마」という言葉の縮約形でもあります。「손님 마마」は「천연두（天然痘）」をそのように呼んだもので、この「마마（旦那さま）」という言葉は、漢字語から来た言葉[訳注1]で王族たちに広く使われていたのです。

　「천연두」を「마마」と呼んだのは、恐ろしい天然痘を「마마」と高めて呼ぶことで、病気をうつすお化けをなだめ、その害悪から逃れようとした呪術的な意味が込められているのです。

訳注1：마마（旦那さま）は漢字で〈媽媽〉。

36 한나절 / 반나절

"오늘 하루 종일 연락이 안 되던데 어디 갔었어요?"

"아침에 우연히 10년 동안 소식이 없던 친구를 만났지 뭐예요. 그래서 그 친구하고 그 동안 쌓인 얘기도 나누고, 점심도 같이 먹고 하다 보니까 한나절이 다 갔네요."

오랜만에 만난 사람과 이야기를 나누다 보면 시간 가는 것도 모르고 있을 때가 있습니다. 위의 대화에서 나온 '한나절'이라는 말을 여러분은 어떤 뜻으로 사용하고 계십니까?

'한나절'이라는 말을 '하루 종일'의 뜻으로 이해하시는 분들이 꽤 있는데, '한나절'은 하룻낮의 반을 뜻하는 말로, '반일'이라고도 할 수 있습니다.

그리고 '반나절'이란 말도 많이 쓰는데, 간혹 '한나절'과 '반나절'을 같은 뜻으로 알고 사용하는 경우도 있습니다. 그러나 '반나절'은 '한나절의 반'을 가리키는 것이기 때문에, 결국 '한나절'은 '반나절'의 배가 되는 동안을 말합니다.

이 두 표현에 공통적으로 쓰인 '나절'이라는 말은 하룻낮의 절반쯤 되는 동안을 의미할 때도 있지만, '낮의 어느 무렵이나 동안'을 뜻할 때도 있습니다. 아마 '아침나절'이라든가 '저녁나절'이라는 표현도 많이 들어 보셨을 겁니다. '아침나절'은 아침밥을 먹은 뒤 한나절을 말하고, '저녁나절'은 저녁 무렵의 한동안을 말하는 것입니다.

半日 ／ 半日の半分

「今日一日中連絡がつかなかったけど、どこかに出掛けていたんですか？」

「朝偶然、10年間音信不通だった友人に会ったんですよ。それで、その友人と会えなかった間の積もる話もして、昼食も一緒に食べていたら、半日近く過ぎてしまったんですよ。」

久しぶりに会った人と話をしていると、時間がたつのも気付かずにいることがあります。上の会話に出てきた「한나절」という言葉を、皆さんはどういう意味で使っていらっしゃいますか？

「한나절」という言葉を「하루종일 (一日中)」の意味だと思っている方がかなりいますが、「한나절」は日中の半分を意味する言葉で「반일(半日)」ともいえます。

そして「반나절」という言葉もよく使いますが、たまに「한나절」と「반나절」を同じ意味だと思って使っている場合もあります。しかし「반나절」は「한나절의 반(半日の半分)」を指す言葉なので、つまり「한나절」は「반나절」の倍の時間をいうのです。

この二つの表現に共通して使われる「나절」という言葉は、日中の半分程の時間を意味することもありますが、「昼間のある時分や時間帯」を意味することもあります。おそらく「아침나절」であるとか、「저녁나절」という表現もよくお聞きになったでしょう。「아침나절」は朝食を食べた後の半日をいい、「저녁나절」は夕方のひとときをいうのです。

37 흥청거리다 CD2-TR07

한때는 외국에서 우리나라 경제 상황을 보면서 '샴페인을 너무 일찍 터뜨렸다'는 말을 했습니다. 그러다가 IMF 경제 위기를 맞고 나서 한동안 침체돼 있다가, 우리 경제가 조금씩 살아나니까 다시금 흥청거리는 분위기를 느끼게 되는데 여간 걱정스러운 일이 아닙니다.

'흥청거린다'는 말은 '흥에 겨워서 마음껏 즐긴다.'거나 '돈이나 물건 같은 것이 흔해서 아끼지 않고 함부로 쓰며 거들먹거린다.'는 뜻으로 널리 쓰이고 있습니다.

'흥청(興淸)'이란 말은 원래 '운평(運平)'에서 나온 말입니다. 운평이란 것은 조선 시대 연산군 때 있었던 기생 제도입니다. 여러 고을에 널리 모아 두었던 노래를 할 줄 알고 또 악기를 다룰 줄 아는 기생들 중에서 뽑혀 대궐로 들어온 기생을 '흥청'이라고 했었습니다. 이 흥청들을 한 자리에 모아 놓고 잔치를 벌이면 대단히 시끄럽고 요란했었기 때문에 떠들썩한 잔치를 말할 때 '흥청거린다' 또는 '흥청댄다'고 했던 것입니다.

'흥청거리다' 외에도 '흥청흥청'이라든가 '흥청망청'이라는 표현도 자주 쓰이는데요, '흥청망청'에서 뒤에 나오는 '망청'이라는 말은 별 뜻 없이 운율을 맞추기 위해서 쓴 대구(對句)입니다.

興ずる

　一時、外国が韓国の経済状況を見て、「シャンパンを早く開け過ぎた」と言いました。そのうちIMF（国際通貨基金）経済危機に陥りしばらく低迷した後、韓国経済が少しずつ回復すると、またしても浮かれている雰囲気が感じられ、非常に心配です。

　「훙청거린다」という言葉は「興に乗って思う存分楽しむ。」や「お金や品物などがあふれて、惜しげもなくふんだんに使い偉ぶる。」という意味として、広く使われています。

　「훙청〈興淸〉」という言葉は、もともと「운평〈運平〉」から来た言葉です。운평というのは、朝鮮王朝時代の燕山君[訳注1]のときにあった妓生[訳注2]の制度です。あちこちの郡広くから集めてこられた、歌が上手で楽器が演奏できる妓生の中から、選び抜かれて宮殿に入って来た妓生を「훙청」と言いました。この훙청たちを1カ所に集め宴会を開くと、大層うるさく騒ぎ立てたため、騒々しい宴会を言うとき「훙청거린다」または「훙청댄다」と言ったのです[訳注3]。

　「훙청거리다」以外にも「훙청훙청（興に乗ったり、お金をふんだんに使う様子）」や「훙청망청（お金や物をむやみに使ってしまう様子）」という表現もよく使われます。「훙청망청」で後ろに出てくる「망청」という言葉は特に意味はなく、リズムを整えるために使用した語呂合わせ（對句）です。

訳注1： 第10代国王。
訳注2： 歌や踊りで遊興を盛り上げるのを生業とする女性。
訳注3： 同じ動作を繰り返すことを表す接尾辞 - 거리다（〜し立てる）や - 대다（〜し散らす）が훙청に付いた形。

87

# 38 조리다 / 졸이다 CD2-TR08

요즘은 건강을 생각해서 고기보다는 생선류를 찾는 분들이 많습니다. 그런데 같은 생선이라고 해도 그것을 석쇠에 구워 먹거나 기름에 지져서 먹는 것보다는 조려 먹는 것이 암 발생률이 더 낮다고 하지요.

생선을 조린다고 할 때 발음 그대로 '조리다'라고 쓰는 것과 '졸이다'라고 하는 것 중에서 어느 것이 맞을까요?

이 경우에는 발음과 마찬가지의 형태인 '조리다'가 맞습니다. '고등어 조림' 반찬도 역시 발음 그대로 '조림'이라고 하는 것이 맞습니다.

그렇다면 '생선을 졸이다'라고 말할 때는 없을까요?
이것도 경우에 따라서 맞을 때가 있습니다. '졸이다'는 찌개나 국 같은 것을 끓여서 물을 증발시켜 분량이 적어지게 한다는 뜻의 동사입니다. 간혹 생선을 조리려고 가스불을 켜 놓고는 잊어버리고 있다가 지나치게 졸여서 결국 태울 때가 있습니다.

그리고 이 '졸이다'라는 말은 속을 태우다시피 초조해한다는 뜻도 있어서 '마음을 졸이며 검사 결과를 기다린다.'처럼 말할 수 있습니다.

煮込む／煮詰める・落ち着かない

　最近は健康を考えて肉よりも魚類を求める人たちが多いです。ところで、同じ魚でも、それを網で焼いて食べたり、油を引いて焼いて食べたりするよりも、煮て食べた方が、よりがんの発生率が低いといいます。

　魚を煮るというとき、発音のまま「조리다」と書くのと、「졸이다」と書くのとでは、どちらが正しいでしょうか？

　この場合は、発音と全く同じ形の「조리다」が正しいです。「고등어 조림（サバの煮込み）」というおかずも、やはり発音のとおり「조림」とするのが正しいです。

　では、「생선을 졸이다（魚を煮詰める）」と言うことはないのでしょうか？
　これも場合によっては正しいときがあります。「졸이다（煮詰める）」はチゲやスープのようなものを煮立て、水を蒸発させ分量を少なくするという意味の動詞です。時々、魚を煮ようとしてガスの火を付けたまま忘れ、煮詰まり過ぎて、しまいには焦がしてしまうことがあります。

　そして、この「졸이다」という言葉は、心を焦がすように落ち着かないという意味もあり、「마음을 졸이며 검사 결과를 기다린다．（気をもんで、検査結果を待つ。）」のように言うことができます。

39 손쉽다 CD2-TR09

"이 가방 참 멋있네요. 어디서 이렇게 멋있는 걸 샀어요?"

"시장에 가면 손쉽게 볼 수 있어요."

흔히 아주 쉽게 뭔가를 한다고 할 때 '손쉽다'라는 말을 씁니다. 그런데 위의 대화에서 나온 것처럼 '손쉽게 본다.'든가 '손쉽게 듣는다.'처럼 사용하는 것은 좀 어색하게 들립니다.

'손쉽다'는 '손'과 '쉽다'가 결합한 말입니다. 이 말의 사전적인 의미를 보면, '일을 처리하기가 아주 쉽다'는 뜻입니다.
그러므로 '보다'나 '듣다' 또는 '가다'나 '오다'와 같은 말과 결합하는 것은 자연스럽지 않습니다.
'손쉽다'는 뭔가 손을 가지고 어떤 일을 처리한다고 할 때나, 어떤 문제를 푼다는 뜻의 동사와 함께 쓰는 것이 자연스럽습니다.

따라서 위의 대화에서 '손쉽게 볼 수 있어요.'라고 한 말은 '손쉽게 구할 수 있어요.' 또는 '쉽게 볼 수 있어요.' 정도로 고쳐 말하는 것이 더 자연스러운 표현이 됩니다.

たやすい

「このかばん、本当にすてきですね。どこでこんなすてきなのを買ったんですか?」

「市場に行けば、たやすく見つけられます。」

　しばしば、とても簡単に何かをすると言うときに「손쉽다 (たやすい)」という言葉を使います。しかし、上の会話に出てきたように「손쉽게 본다. (たやすく見つける。)」や「손쉽게 듣는다. (たやすく聞く。)」のように使うのは少し不自然に聞こえます。

　「손쉽다」は、「손 (手)」と「쉽다 (簡単だ)」が結合した言葉です。この言葉の辞書的な意味を見ると、「事を処理するのが非常に簡単だ」という意味です。
　従って、「보다 (見る)」や「듣다 (聞く)」、あるいは「가다 (行く)」や「오다 (来る)」のような言葉と結合するのは自然ではありません。
　「손쉽다」は、何か手を使ってある事を処理すると言うときや、ある問題を解決するという意味の動詞と一緒に使うのが自然です。

　従って、上の会話で「손쉽게 볼 수 있어요. (たやすく見つけられます。)」という言葉は、「손쉽게 구할 수 있어요. (たやすく購入できます。)」あるいは「쉽게 볼 수 있어요. (簡単に見つけられます。)」程度に言い換えるのがより自然な表現になります。

40 머물어 / 머물러 CD2-TR10

일기예보를 듣다 보면 '서울 지역에 비구름이 머물어 있습니다.'와 같은 말이 나오는 경우가 있습니다. 그런데 여기서 나오는 '머물어 있습니다'라는 말은 일반적으로 많은 분들이 사용하고 있지만 올바른 활용 형태가 아닙니다.

이 '머물다'라는 말의 본말은 '머무르다'이고, '머물다'는 '머무르다'의 준말 형태입니다. 표준어 규정에는 준말과 본말이 다 같이 널리 쓰이면서 준말의 효용이 뚜렷이 인정되는 것은 두 가지를 다 표준어로 삼는다고 되어 있습니다. '머무르다 / 머물다'가 바로 이런 경우에 해당됩니다.

이와 비슷한 경우가 '서투르다 / 서툴다' '서두르다 / 서둘다'입니다. 그런데 여기서 주의해야 할 것은 이들 단어에 모음 어미가 연결될 때는 준말의 활용형을 인정하지 않는다는 점입니다.

'머무르다, 서투르다, 서두르다'는 모두 '르' 불규칙 동사이기 때문에 모음 어미가 연결될 때는 '머물러, 서툴러, 서둘러'로 활용됩니다. 그러므로 준말 형태에 '-어'를 붙여서 만든 '머물어, 서툴어, 서둘어'와 같은 형태는 모두 잘못된 활용형입니다.

とどまって

　天気予報を聞くと、「서울 지역에 비구름이 머물어 있습니다.(ソウル地域に雨雲がとどまっています。)」のような言葉が出てくることがあります。ところが、ここで出てくる「머물어 있습니다(とどまっています)」という言葉は、一般的に多くの方々が使用していますが、正しい活用形ではありません。

　この「머물다(とどまる)」という単語の元の単語は「머무르다」であり、「머물다」は「머무르다」の縮約形です。標準語の規定には、縮約した単語と元の単語が両方とも広く使われ、縮約した単語の有用性が明らかに認められる単語は二つとも標準語にする、とあります。「머무르다／머물다」がこれに該当します。

　これと似た例が、「서투르다／서툴다(下手だ)」「서두르다／서둘다(急ぐ)」です。しかし、ここで注意しなければならないのは、これらの単語に母音語尾[訳注1]が付く場合、縮約した単語の活用形を認めないという点です。

　「머무르다、서투르다、서두르다」は全て「르」変則動詞[訳注2]ですので、母音語尾が連結されるときは「머물러、서툴러、서둘러」と活用します。従って、縮約形に「-어」を付けて作った「머물어、서툴어、서둘어」のような形は全て間違った活用形です。

訳注1：母音で始まる語尾のこと。-(으)니까や-(으)면のように-(으)-で始まるものと、-아/어や-았/었-のように-아/어で始まるものがこれに該当する。
語注2：原文には르変則動詞とだけ書いてあるが、서투르다は形容詞なので、実際は르変則動詞・形容詞である。

41 되도록 / 될수록

"이번 주말에 같이 영화 보러 갈까?"

"그래, 좋아."

"심야 프로 보면 어떨까?"

"아니, 나는 밤늦게 다니는 거 별로 안 좋아하니까 될수록 빨리 보면 좋겠는데."

위의 대화 내용 중에서 잘못된 표현이 하나 있습니다.
바로 '될수록'이란 표현입니다. 많은 분들이 '될 수 있으면'이란 뜻으로 말할 때 '될수록'이란 말을 자주 사용하는데, '될수록'은 그런 뜻이 아닙니다.

'될 수 있으면' 또는 '될 수 있는 대로'의 뜻으로 쓸 수 있는 표현은 '되도록'입니다. '될수록'이란 말에서 쓰인 '-(으)ㄹ수록'이란 것은 어떤 일이 더하여 간다는 것을 나타내는 연결 어미입니다. 예를 들어서 '친구는 많을수록 좋다'는 말은, 친구는 하나보다는 둘 있는 게 더 좋고, 둘 있는 것보다는 셋 있는 것이 더 좋다는 식으로 말할 때 '많을수록'이란 표현을 쓸 수 있는 것입니다.

다시 말해서 '될 수 있으면'이라는 뜻으로 말할 때는 '될수록'이 아니라 '되도록'이 어법에 맞는 표현입니다.

できれば／できるほど

「今週末一緒に映画見に行こうか？」

「そうね、いいわよ。」

「レイトショー見るのはどう？」

「いや、私は夜遅くに出歩くのはあまり好きじゃないから、できれば早く見たいんだけど。」

上の会話の中で、間違った表現が一つあります。
それは「될수록」という表現です。多くの方が「될 수 있으면（できれば）」という意味で「될수록」という言葉をよく使いますが、「될수록」はそのような意味ではありません。

「될 수 있으면」または「될 수 있는 대로（できるだけ）」の意味で使える表現は「되도록」です。「될수록」という言葉で使われる「-(으)ㄹ수록（〜すればするほど）」というのは、あることが重なっていくことを表す連結語尾です。例えば「친구는 많을수록 좋다（友だちは多いほどいい）」という言葉のように、友だちは1人よりは2人いる方が、2人よりは3人がもっとよいと言うとき、「많을수록」という表現を使えるのです。

つまり「できれば」という意味で言うときは、「될수록」ではなく「되도록」が文法的に正しい表現です。

95

42 햇빛 / 햇볕   CD2-TR12

'바람과 해님'이라는 옛 이야기는 바람과 해가 서로 자기가 힘이 더 세다고 하면서 지나가는 나그네의 옷을 누가 먼저 벗기는지를 겨루는 이야기입니다.

이 이야기에서 이긴 쪽은 바람이 아니라 해님이었는데, 해님은 나그네로 하여금 너무 더워서 옷을 벗을 수밖에 없게 만들었습니다. 그렇다면 나그네가 옷을 벗은 것은 '햇빛' 때문이었을까요? 아니면 '햇볕' 때문이었을까요?

이것은 '햇볕' 때문이었습니다.

흔히 '햇빛'과 '햇볕'의 구분이 잘 안 되는 경우가 있습니다. 우선 '햇빛'은 말 그대로 '해의 빛', 다시 말해서 '일광(日光)'을 뜻하는 말이기 때문에 '찬란한 햇빛'이라는 표현처럼 쓰게 됩니다.

반면에 '햇볕'은 해가 내리쬐는 뜨거운 기운을 이르는 말인데 줄여서 그냥 '볕'이라고도 합니다. '바람과 해님'이라는 동화에서 나그네가 옷을 벗은 것은 해가 내리쬐는 뜨거운 기운과 함께 더워서 벗은 것이기 때문에 '햇볕'이었다는 것을 알 수 있습니다.

'햇빛'과 '햇볕', 잘 구별해서 사용하시기 바랍니다.

太陽光／太陽熱

　「바람과 해님（風とお日さま）」[訳注1]という昔話は、風と太陽が互いに自分の力がより強いのだと言って、道行く旅人の服をどちらが先に脱がすのかを競う話です。

　この話で勝ったのは風ではなくお日さまだったのですが、お日さまは、旅人が暑過ぎて服を脱ぐしかないようにしました。では旅人が服を脱いだのは、「햇빛（太陽光）」のせいだったのでしょうか？ または「햇볕（太陽熱）」のせいだったのでしょうか？

　これは「햇볕」のせいでした。
　よく「햇빛」と「햇볕」の区別があまりされないことがあります。まず「햇빛」は言葉通り「太陽の光」、すなわち「日光」を意味する言葉なので「찬란한 햇빛（まばゆい太陽の光）」という表現のように使われます。

　それに対し「햇볕」は太陽光によってもたらされる熱気をいう言葉なのですが、縮約して、単に「볕」とも言います。「바람과 해님（風とお日さま）」という童話で旅人が服を脱いだのは、太陽光によってもたらされる熱気により暑くて脱いだのですから、「햇볕」だったことが分かります。

　「햇빛」と「햇볕」、しっかり区別して使ってください。

訳注1：日本では『北風と太陽』というタイトルでよく知られているイソップ寓話。

43 내년 / 이듬해 CD2-TR13

"올해는 못 갔지만 내년에는 꼭 갈 거예요."

"올해는 못 갔지만 이듬해에는 꼭 갈 거예요."

두 문장에서 각각 '내년'과 '이듬해'라는 단어가 나왔는데, 이 두 단어는 모두 다음에 오는 해를 뜻하는 말이지만 약간의 차이가 있습니다.

우선 '내년'은 말하는 해를 기준으로 해서 그 다음에 오는 해를 가리키는 말인 반면에 '이듬해'는 과거나 미래의 어느 해를 기준으로 해서 그 다음에 오는 해를 가리킵니다. 그래서 '이듬해'는 말하는 사람이 있는 해를 기준으로 그 다음에 오는 해를 가리킬 수 없다는 것이 '내년'과 다른 점입니다.

위의 예문에서는 올해는 못 갔다고 지금 말하고 있는 것이기 때문에 '이듬해에는 꼭 가겠다'가 아니라 '내년에는 꼭 가겠다'고 말하는 것이 옳습니다.

'이듬해'가 제대로 쓰인 예를 들어 보면, '1990년에 집을 사서 그 이듬해에 팔고 이사했다.'와 같이 말할 수 있습니다.

이와 비슷한 경우의 단어가 '내일'과 '이튿날'로, 이것도 '내년'과 '이듬해'의 차이를 안다면 정확하게 구별해서 쓸 수 있을 것입니다.

来年／翌年

「今年は行けませんでしたが、来年には必ず行きます。」

「今年は行けませんでしたが、翌年には必ず行きます。」

二つの文章でそれぞれ「내년（来年）」と「이듬해（翌年）」という単語が出ています。この二つの単語はどちらも次に来る年を意味する言葉ですが、若干の違いがあります。

まず「내년」は話している年を基準にして、その次に来る年を指す言葉であるのに対し、「이듬해」は過去や未来のある年を基準にして、その次に来る年を指します。従って「이듬해」は、話している人がいる年を基準として、その次に来る年を指すことはできないということが「내년」と違う点です。

上の例文では、今年は行けなかったと、今言っているのですから、「이듬해에는 꼭 가겠다（翌年には必ず行きます）」ではなく「내년에는 꼭 가겠다（来年には必ず行きます）」と言うのが正しいです。

「이듬해」が正しく使われている例を挙げると、「1990년에 집을 사서 그 이듬해에 팔고 이사했다．（1990年に家を買って、その翌年に売って引っ越した。）」のように言うことができます。

これと似たケースの単語が「내일(明日)」と「이튿날(翌日)」で、これも「내년」と「이듬해」の違いが分かるならば、正確に区別し使うことができるでしょう。

44 '드디어'의 사용법   CD2-TR14

이른 새벽 도심을 달리던 차량 두 대의 유리창에 누군가가 총을 쏜 사건이 발생한 적이 있었습니다. 다음은 어느 시사 정보 프로그램에서 이 사건이 사고 차량으로부터 얼마 떨어지지 않은 곳에서 엽총으로 쏜 것으로 추정된다면서 기자가 말한 내용입니다.

> "지난해 미국을 공포에 몰아넣었던 연쇄 무차별 총기 저격 사건과 비슷한 사건이 드디어 우리나라에서도 일어났습니다."

이 기자가 말한 내용을 보면, 미국에서 일어났던 무차별 저격 사건이 우리나라에서도 일어나기를 바랐던 것처럼 생각되는 이유는 무엇 때문일까요?

그것은 '드디어'라는 표현을 잘못 사용했기 때문입니다.
'드디어'는 긍정적인 표현과 같이 쓸 뿐만 아니라 뭔가 기대하던 것의 결과가 나타났을 때 사용할 수 있는 표현입니다. 그래서 '이와 같은 사건이 드디어 우리나라에서도 일어났다'고 하면 마치 그런 사건이 일어나기를 기다리고 있었던 것처럼 되고 맙니다.

이 경우에는 '결국' 또는 '불행하게도 우리나라에서도 이와 같은 사건이 일어났습니다.' 정도로 바꿔 말하는 것이 적절할 것입니다.

「드디어（ついに）」の用法

　早朝、都心を走っていた2台の自動車のガラス窓に、誰かが銃を撃つという事件がありました。以下は、とある時事情報番組において、この事件が被害に遭った車からあまり離れていない所から猟銃で撃ったものだと推測されると、記者が語った内容です。

　　　「昨年、米国を恐怖に陥れた連続無差別銃撃事件と類似した事件が、ついにわが国でも起こりました。」

　この記者が話した内容を見ると、米国で起きた無差別狙撃事件が、韓国でも起こることを願っていたかのように思える理由は何なのでしょうか？

　それは、「드디어（ついに）」という表現を誤って使っているからです。
　「드디어」は、肯定的な表現と共に使うだけでなく、何か期待していた結果が出たときに使うことのできる表現です。従って「이와 같은 사건이 드디어 우리나라에서도 일어났다（このような事件が、ついにわが国でも起こった）」と言うと、まるでそのような事件が起こることを待っていたかのようになってしまいます。

　この場合は「결국（結局）」または「불행하게도 우리나라에서도 이와 같은 사건이 일어났습니다.（不幸にもわが国でもこのような事件が起こりました。）」ほどに言い換えるのが適切でしょう。

45 '여간 (如干)'의 사용법 CD2-TR15

"새해 아침을 동해안에서 맞이했다면서요?"
"네, 해가 떠오르는 광경이 여간 아름다워서 못 잊을 것 같아요."

이 대화 가운데 '여간 아름다워서'라는 표현이 나옵니다. 문맥을 보면 해가 떠오르는 광경이 대단히 아름다웠다는 뜻인 것 같은데, '여간 아름다워서'라고 말했습니다. 과연 이 말이 올바른 표현일까요?

'여간 (如干)'이란 말은 사전적인 의미로는 '보통으로, 조금' 또는 '어지간하게'라는 뜻이지만, 이 말 뒤에 부정의 표현이 오게 돼 있습니다.

예를 들어서 '여간 잘하지 않는다'는 말은 보통으로 잘하는 게 아니라 대단히 잘한다는 뜻입니다.

그래서 '여간'이라는 표현을 써서 해돋이 광경이 대단히 아름다웠다고 말하려면 '여간 아름답지 않아서'라고 말하는 것이 맞습니다.

'여간'이란 표현을 쓰는 분들 가운데는 '여간 잘한다.' 또는 '여간 힘들다.'와 같이 '여간' 뒤에 부정의 표현을 안 쓰는 분들이 종종 있는데, '여간'은 언제나 부정의 표현과 함께 쓴다는 것을 꼭 기억해 두시면 좋겠습니다.

「여간〈如干〉」の用法

「元日の朝を東海岸で迎えたんですって?」

「ええ、日が昇る光景があまりにも美しくて、忘れられないでしょう。」

この会話の中に、「여간 아름다워서」という表現があります。文脈を見ると、日が昇る光景が大変美しかったという意味でしょうが、「여간 아름다워서」と言っています。果たして、この言葉は正しい表現でしょうか?

「여간〈如干〉」という言葉は、辞書的な意味としては「普通に、少し」または「かなり」という意味ですが、この言葉は後ろに否定の表現が来ることになっています。

例えば「여간 잘하지 않는다」という言葉は、普通に上手なのではなく、極めて上手だという意味です。

従って「여간」という表現を使って、日の出の光景が非常に美しかったと言うのなら、「여간 아름답지 않아서」というのが正しいです。

「여간」という表現を使う人たちの中には、「여간 잘한다.(とても上手だ。)」または「여간 힘들다.(とても大変だ。)」のように、「여간」の後ろに否定の表現を使わない人が時々いらっしゃいますが、「여간」は常に否定の表現と一緒に使うということを、是非覚えておかれるといいでしょう。

46 - 느라고 / - 노라고

"짧은 시간에 끝내시느라고 고생 많으셨어요."
"네, 제 나름대로 하느라고 했는데 잘 됐는지 모르겠어요."

위 대화에서는 '- 느라고'라는 표현이 두 번 나왔는데, 그 중에 하나는 맞지만 다른 하나는 바른 표현이 아니었습니다.
'- 느라고'라는 말은 동사에 붙여서 '하는 일로 말미암아 어떤 결과가 나왔다'고 할 때 사용하는 표현입니다. 그래서 '논문 쓰느라고 정신없다'고 하면 '논문 쓰는 일 때문에 정신이 없다'는 뜻이 됩니다.

위 대화에서 '끝내시느라고 고생 많으셨어요.'라는 말은 일을 끝내기 위해서 많은 수고를 했다는 뜻으로 한 말이기 때문에 제대로 쓰인 것입니다. 그런데 이에 대한 대답으로 '제 나름대로 하느라고 했는데 잘 됐는지 모르겠어요.'라는 말을 같은 식으로 설명해 보면, '자기 나름대로 일을 하기 위해서 했는데 잘 됐는지 모르겠다'는 뜻이 됩니다.
그러나 이 대답은 그런 뜻으로 한 말이 아니었습니다. 여기서는 '- 느라고'가 아니라 '- 노라고'라는 표현을 써야 맞습니다. '- 노라고'라는 말은 동사 뒤에 붙여서 조금은 겸손한 표현으로 '자기 나름으로는 한다고 했다'는 뜻을 나타냅니다. 따라서 이때는 '하노라고 했는데 잘 됐는지 모르겠어요.'와 같이 말해야 바른 표현이 됩니다.
'- 느라고'와 '- 노라고'는 비슷한 것 같지만 뜻은 다릅니다.

〜することによって／〜しようと

「短い時間で終わらせようと、苦労なさったでしょう。」

「ええ、私なりにしようとしたのですが、うまくできたかどうか分かりません。」

　上の会話では「-느라고」という表現が2度出てきましたが、そのうち一つは正しく、もう一つは正しい表現ではありません。
　「-느라고」という言葉は動詞に付いて「することによって、ある結果になった」というときに使用する表現です。ですので「논문 쓰느라고 정신없다」と言えば、「論文を書くことによって、とても忙しい」という意味になります。

　上の会話の「끝내시느라고 고생 많으셨어요.」という言葉は、仕事を終えるために多くの苦労をしたという意味で言った言葉なので、正しく使われたものです。ところが、これに対する返答として、「제 나름대로 하느라고 했는데 잘 됐는지 모르겠어요.」という言葉を同じように説明してみると、「自分なりのやり方でやるためにしたのですが、うまくできたか分からない」という意味になります。
　しかし、この返答はそのような意味で言った言葉ではありません。ここでは、「-느라고」ではなく「-노라고」という表現を使ってこそ正しいのです。「-노라고」という言葉は動詞の後ろに付いて、少し謙遜した表現で「自分なりにやるだけのことはやった」という意味を表します。従ってこのときは、「하노라고 했는데 잘 됐는지 모르겠어요.(やるだけのことはやったつもりですが、うまくできたか分かりません。)」のように言えば正しい表現になります。
　「-느라고」と「-노라고」は、似ていますが意味は違います。

47 올 겨울 / 강추위

겨울이 시작되는 12월에 기온이 갑자기 내려가면 흔히 '올 겨울 들어 가장 추운 날씨'라고 말하는 것을 들을 수 있습니다. 그런데 이 경우에 '올 겨울 들어 가장 추운 날씨'라는 말이 맞는 표현일까요?

여기서 '올 겨울'이라는 말은 '올해 겨울' 즉, 그 해의 1월과 2월까지도 해당되고, 그 해 12월도 해당되는 경우가 있기 때문에 '올 겨울'이라는 말보다는 '이번 겨울'이라는 표현으로 통일해서 쓰는 것이 바람직합니다.

그리고 기온이 내려가면 '강추위'라는 말을 자주 하는데, 이 '강추위'라는 말은 무슨 뜻일까요?
간혹 '강추위'의 '강'자를 한자로 생각해 '강한 추위'나 '심한 추위'라고 여기기도 하지만, 이것은 한자어가 아니라 순수한 우리 고유어입니다.
'강-'은 아주 호되거나 억척스러움을 나타내는 순우리말의 접두사입니다. '강추위'라는 말은 눈도 오지 않고 몹시 추운 날씨를 뜻하는 말이기 때문에 눈이 올 때는 '강추위'라는 말을 쓸 수 없습니다.
그리고 이 '강-'이라는 접두사는 일부 명사 앞에 붙어서 '그것으로만 이루어진' 것을 나타내기도 합니다. 그래서 가끔 안주도 없이 마시는 술을 '깡술'이라고 하는데, '강술'이 맞는 표현입니다. '깡술'은 이것을 강하게 된소리로 발음한 비표준어입니다.

今年の冬／厳しい寒さ

　冬が始まる12月に気温が急に下がると、よく「올 겨울 들어 가장 추운 날씨 (今年の冬に入って一番寒い天気)」という言葉が聞かれます。ところで、この場合「올 겨울 들어 가장 추운 날씨」というのは正しい表現でしょうか？

　ここで「올 겨울 (今年の冬)」という言葉は、「올해 겨울 (今年の冬)」すなわち、その年の1月と2月までも該当し、その年の12月も該当する場合があるので、「올 겨울」という言葉よりは「이번 겨울 (この冬)」という表現に統一して使うのが望ましいです。

　そして、気温が下がると「강추위 (極寒)」という言葉をよく使いますが、この「강추위」という言葉はどのような意味でしょうか？
　時々「강추위」の「강」の字を漢字[訳注1]だと考えて、「強い寒さ」や「厳しい寒さ」と思ったりもしますが、これは漢字語ではなく純粋な韓国の固有語です。
　「강-」は、とても手厳しいことやしつこいことを表す純粋な韓国語の接頭辞です。「강추위」という言葉は、雪も降らず非常に寒い天気を意味する言葉なので、雪が降るときは「강추위」という言葉を使うことはできません。
　そして、この「강-」という接頭辞は一部の名詞の前に付いて、「それだけでつくられた」ものを表すこともあります。ですので時々、つまみもなく飲む酒を「깡술」と言いますが、「강술」が正しい表現です。「깡술」は、これを強調して濃音で発音した非標準語です。

訳注1：「강〈強〉」

48 '-투성이'의 사용법 CD2-TR18

텔레비전 프로그램 가운데는 연예인들을 초대해서 그들의 생활에 대한 내용을 묻는 형식으로 진행되는 것이 상당히 많습니다. 다음은 어떤 프로그램의 대화 내용에서 나왔던 것입니다.

"○○ 씨는 부인의 어떤 점이 좋다고 생각하세요?"
"저희 부인은 좋은 점투성이예요."

여기에는 두 가지 잘못이 있습니다. 우선 '부인'이라는 말은 다른 사람의 아내를 일컬어 말할 때 사용하는 표현이기 때문에 질문에 대한 대답에서 나왔던 '저희 부인'이라는 말은 어법에 맞지 않습니다. 종종 이와 같은 오류가 나타나는데, '아내'와 '집사람'은 자신의 가족을 말할 때 쓰고, '부인'은 상대방의 가족일 경우에 말할 수 있는 표현입니다.

그리고 두 번째 오류는 '-투성이'라는 말입니다.

'-투성이'라는 말은 온몸에 묻어서 더럽게 되는 것을 뜻하는 접미사입니다. 예를 들어서 '피투성이, 먼지투성이, 상처투성이' 등이 있는데, 예에서 볼 수 있듯이 '-투성이'라는 말 앞에는 좋은 뜻으로 말하는 표현이 오지 않고, 그것으로 인해서 더럽혀진다는 뜻이 있는 것입니다. 따라서 '좋은 점투성이예요'란 말은 어법에 맞지 않습니다.

앞서 나온 대화에서 대답으로 한 부분을 어법에 맞게 고쳐서 말하면 다음과 같습니다.

"제 아내는 좋은 점이 아주 많아요."

「-투성이 (〜だらけ)」の用法

　テレビ番組の中には、芸能人をゲストに招いて、彼らの生活に関する内容を尋ねる形式で進行するものがとても多いです。次はある番組に出てきた会話の内容です。

　　「〇〇さんは、奥様のどのようなところが良いと思われますか?」
　　「私の妻は良いところだらけです。」

　ここには二つ間違いがあります。まず「부인」という言葉は他の人の妻を指して言うときに使う表現なので、質問に対する答えにある「저희 부인 (私の夫人)」という言葉は文法的に正しくありません。時々このような間違いが出てきますが、「아내 (妻)」と「집사람 (家内)」は、自身の家族のことを話すときに使い、「부인」は相手の家族である場合に言える表現です。
　そして、二つ目の間違いは、「-투성이 (〜だらけ)」という言葉です。
　「-투성이」という言葉は、体中に付いて汚くなることを意味する接尾辞です。例えば、「피투성이 (血まみれ)、먼지투성이 (ほこりまみれ)、상처투성이 (傷だらけ)」などがありますが、例に見られるように「-투성이」という言葉の前には、良い意味で使う表現は来ずに、「それによって汚された」という意味があるのです。従って「좋은 점투성이예요 (良いところだらけです)」という言葉は間違った使い方です。
　前出の会話での返答部分を正しく直して言うと、次のようになります。

　　「私の妻は良いところがとても多いです。」

49 '중(中)'의 띄어쓰기 CD2-TR19

　우리말에서 띄어쓰기가 상당히 복잡하고 어렵다고 하시는 분들이 꽤 많으십니다. 많은 규칙을 무조건 외우려고만 들면 머리만 복잡해지고 제대로 외워지지도 않지요. 하나하나 이치를 따져 가면서 이해하면 의외로 그리 복잡하게 느껴지지 않을 수도 있을 것입니다. 그중의 하나인 '가운데 中' 자의 띄어쓰기에 대해서 살펴봅니다.

　'가운데 中' 자의 경우, 한 단어로 굳어진 경우가 아니라면 '中' 자를 띄어 쓰게 되어 있습니다. 예를 들어서 '우리 반 학생 중에서 제일 키가 커요.'라든가 '꽃 중의 꽃'이라고 할 때는 '○○ 가운데서 가장 어떻다'는 뜻으로 하나의 단어로 굳어진 것이 아니기 때문에 이때는 '학생'과 '꽃' 뒤에 '중(中)' 자를 띄어서 씁니다.
　그리고 '수업 중에는 휴대전화를 끄세요.'라든가 '이 다리는 건설 중입니다.' 같은 경우에도 역시 하나의 단어로 굳어진 것이 아니기 때문에 '수업'과 '건설' 뒤에 '중(中)' 자를 띄어서 쓰는 것이 적절합니다.

　그런데 '은연중, 무의식중, 한밤중' 같은 표현들은 이미 한 단어로 굳어져서 사전에도 하나의 항목으로 올라와 있는 표현들이기 때문에 모두 붙여서 쓰도록 되어 있는 것입니다.

「중〈中〉」の分かち書き

　韓国語の分かち書きが非常に複雑で難しいとおっしゃる人たちが、かなり多くいらっしゃいます。多くの規則をむやみやたらに覚えようとすれば、頭がこんがらがるだけで、まともに覚えられないでしょう。一つひとつの理屈を確認していきながら理解すれば、意外とそれほど複雑に感じられないかもしれません。その中の一つである「중〈中〉」の字の分かち書きについて調べてみましょう。

　「중〈中〉」の字は、一つの単語として定着していない場合、「중〈中〉」の字を分かち書きすることになっています。例えば「우리 반 학생 중에서 제일 키가 커요.(うちのクラスの学生の中で一番背が高いです。)」や「꽃 중의 꽃 (花の中の花)」と言うときは「○○の中で、最もどうだ」という意味であり、一つの単語として定着しているものではないので、この場合は「学生」と「花」の後ろの「중」の字を分かち書きします。
　そして「수업 중에는 휴대 전화를 끄세요.(授業中は携帯電話の電源を切ってください。)」や「이 다리는 건설 중입니다.(この橋は建設中です。)」のような場合も、やはり一つの言葉として定着しているものではないため、「授業」や「建設」の後ろの「중」の字を分かち書きするのが適切です。

　しかし、「은연중 (それとなく)、무의식중 (無意識のうちに)、한밤중 (真夜中)」のような表現は、すでに一つの言葉として定着して、辞書にも一つの項目として載っている表現なので、全て付けて書くことになっているのです。

50 거리 / 꺼리 CD2-TR20

집에 갑자기 손님이 오셔서 식사 대접을 해야 한다거나 술상을 차려야 할 때 집에 반찬이나 안주로 내놓을 만한 것이 없다면 상당히 당황하게 됩니다.

흔히 반찬을 만들기 위해서 장을 보러 갈 때 '[반찬꺼리]를 사러 간다'고 하고, 안주로 삼을 만한 것을 [안주꺼리]라고 하는데, 표기를 보면 '거리'라고 쓴 것도 있고 또 '꺼리'라고 쓴 것도 있는데 어느 것이 맞을까요?
'반찬거리, 안주거리'가 올바른 표기 형태이고, 발음은 [반찬꺼리, 안주꺼리]로 합니다.

이 '거리'라는 말은 '반찬할 만한 거리'라든가 '논의할 거리가 못 된다.'처럼 음식을 만드는 재료를 뜻하거나 또는 어떤 일의 대상이나 소재를 뜻합니다. 그리고 '걱정거리, 이야깃거리, 구경거리'처럼 일부 명사 뒤에 붙어서 사용되기도 합니다.

이 '거리'와 비슷하게 쓰이는 것으로 '감'이라는 말도 있습니다. 이것은 '장난감, 신랑감, 양복감' 등과 같은 표현으로 사용하는데, '거리'와 '감'이라는 말은 뜻은 비슷하지만 서로 완전히 대체해서 쓸 수 있는 표현은 아닙니다. 예를 들면 '반찬거리'나 '반찬감'은 모두 가능하지만 '양복거리'나 '걱정감' 같은 표현은 쓰이지 않고, '양복감'이나 '걱정거리'라고 해야 자연스럽게 들립니다.

材料

　家に突然お客さまが来て、食事のもてなしをしなければならなかったり、お酒の席を準備しなければならなかったりするとき、家におかずやつまみで出すようなものがないと、とても慌てることになります。

　よく、おかずを作るために買い物に行くとき、「[반찬꺼리]를 사러 간다（おかずの材料を買いに行く）」と言って、つまみにするようなものを[안주꺼리]（つまみの材料）と言いますが、表記を見ると、「거리」と書いたのもあれば、「꺼리」と書いたものもあります。どちらが正しいのでしょうか？
　「반찬거리、안주거리」が正しい表記の形で、発音は[반찬꺼리、안주꺼리]と言います。

　この「거리」という言葉は、「반찬할 만한 거리（おかずにするほどの材料）」や「논의할 거리가 못 된다.（論議する材料にならない。）」のように、料理を作る材料を意味したり、ある事の対象や素材を意味します。さらに、「걱정거리（心配の種）、이야깃거리（話のネタ）、구경거리（見せ物）」など、一部の名詞の後ろに付けて使ったりもします。

　この「거리」と同じような使われかたをするものに「감（物を作る材料）」という言葉もあります。これは「장난감（おもちゃ）、신랑감（花婿候補）、양복감（服地）」などのような表現で使います。「거리」と「감」という言葉は、意味は似ていますが完全に入れ替えて使える表現ではありません。例えば「반찬거리」や「반찬감」はどちらも可能ですが、「양복거리」や「걱정감」のような表現は使われず、「양복감」や「걱정거리」としてこそ自然に聞こえます。

51 차례 (茶禮) CD2-TR21

추석이나 설날 같은 명절과 조상의 생일 등에 차례(茶禮)를 지내는 풍습이 있습니다. '차례'라는 말을 풀어 보면 '마시는 차와 관련된 예도'를 뜻하는데요, 사실 차례 상에 차가 오르지는 않습니다. 그렇다면 제사와 차 사이에 무슨 관계가 있어서 '차례'란 말이 나왔을까요?

'차례'라는 것은 본래 불교 의식에서 쓰이던 절차 가운데 하나였습니다. 이것은 부처님에게 차를 바치고 그 한솥에 끓인 차를 더불어 마심으로써 융합하려는 의식이었고, 또 주지나 스님, 행자, 신도 등이 상견할 때 같은 차를 함께 마심으로써 이질 요소를 동질화하고 합심 단합하려는 의식이었습니다. '차례'에서는 서열이 엄격하게 구분되고, 절차가 까다로웠는데 그렇게 함으로써 산사의 단체 생활에서 상하의 위계질서를 잡고, 자신의 위상을 파악하도록 한 것입니다.

일반 백성들에게 있어서 '차례'는 조상과 후손을 종적으로 결속시키고, 그 후손을 횡적으로 동질화시킬 뿐만 아니라 가문의 위계질서를 잡는 의식이기도 했습니다. 우리나라에서는 고려 시대까지 차 문화가 널리 퍼져 있었는데 제사를 지낼 때도 차를 끓여 올렸다고 합니다. 그런데 이 차 문화가 점점 사치스럽고 번거로워져서 조선 시대에 와서는 이를 금지시켰던 것입니다.

'차례'는 이처럼 제사 지낼 때 차를 끓여 올리는 예식을 가리키는 말이었는데, 그 의식은 없어졌지만 의식의 명칭만은 그대로 남아서 '차례 지낸다'고 말하는 것입니다.

茶礼〈茶禮〉

　秋夕やお正月などの名節[訳注1]や、祖先の誕生日などに、茶礼〈茶禮〉を行う風習があります。「茶礼」という言葉を1字1字分けてみると「飲むお茶と関連した礼節」を意味しますが、実際は茶礼の膳にお茶が上がることはありません。それでは、祭祀とお茶の間にどのような関係があって「茶礼」という言葉が生まれたのでしょうか？

　「茶礼」というのは、本来仏教の儀式で使われていた手順の中の一つでした。これは仏様にお茶をささげて、その同じ釜で沸かしたお茶を一緒に飲むことによって融合しようという儀式であり、また住職や僧、行者、信徒などが対面するとき、同じお茶を一緒に飲むことによって異質の要素を同質化し、心を合わせて一つになろうとする儀式でした。「茶礼」では序列が厳格に区分され、手順が複雑でしたが、そうすることによって、山寺の団体生活において、位階秩序を守り、自分の立場を把握するようにしたのです。

　一般の民衆にとって「茶礼」は、祖先と子孫を縦につなぎ、その子孫を横に同質化させるだけでなく、家門の位階秩序を保つ儀式でもあったのです。韓国では高麗時代まで茶の文化が広く浸透していて、祭祀を行うときも茶を沸かしてささげたといいます。しかし、この茶の文化が次第にぜいたくで面倒なものになり、朝鮮王朝時代に入ってからはこれを禁止したのです。

　このように「茶礼」は、祭祀を行うとき、茶を沸かしてささげる儀式を指す言葉でしたが、その儀式はなくなり、儀式の名称だけがそのまま残って「茶礼を行う」と言うのです。

訳注1：朝鮮半島の伝統的な祭日を名節といい、추석（秋夕:旧暦の8月15日）や구정（旧正月:旧暦の1月1日）などがある。

52 까먹다 / 잊어버리다   CD2-TR22

"영미야, 너 왜 아직 안 오는 거야? 오늘 만나기로 했잖아."

"아차, 오늘 만나기로 했었지. 그걸 완전히 까먹었네. 미안해서 어쩌니?"

여기서 '까먹다'란 말은 '잊어버리다'의 뜻입니다.

'잊다'라는 말은 기본적으로 사람이 이전에 알고 있던 것을 다시 기억해 낼 수 없게 되는 것을 뜻합니다.

반면에 '까먹다'라는 말의 기본 의미는 사람이 가지고 있던 것을 다 없앤 상태가 되는 것을 뜻하므로 '본전까지 다 까먹었다'고 말하는 것처럼 밑천을 다 없앤다는 뜻으로 쓰입니다.

그러나 '까먹다'란 말에는 '잊어버리다'의 뜻도 있어서 이전에 알았던 것을 모르게 되거나, 어떤 일에 생각이 미치지 못하는 것도 '까먹다'로 쓸 수 있습니다. 예를 들어서, '약속 시간을 잊어버렸다'고도 말하지만 '약속 시간을 까먹었다'고도 말할 수 있습니다.

그런데 이 '까먹다'라는 말은 낮추는 뜻이 있기 때문에 허물없는 친구들끼리는 써도 무방하겠습니다만, 윗사람의 일에 대해서는 쓰지 않아야 합니다. '까먹다'란 말은 그다지 점잖게 들리지 않는 말이기 때문에 공식적인 자리에서는 사용하지 않는 것이 좋겠습니다.

忘れる／忘れてしまう

「ヨンミ、あなたどうしてまだ来ないの？　今日会うことにしたじゃない。」

「しまった、今日会うことにしたわよね。それをすっかり忘れてたわ。本当にごめんね。」

ここで「까먹다（忘れる）」という言葉は「잊어버리다（忘れてしまう）」の意味です。

「잊다（忘れる）」という言葉は、基本的に以前に分かっていたことを、あらためて思い出せなくなることを意味します。

一方「까먹다」という言葉の基本的な意味は、人が持っていたものを、全てなくした状態になることを意味するので「본전까지 다 까먹었다（元手まで全てなくした）」のように、元手を全てなくすという意味で使われます。

しかし、「까먹다」という言葉には「잊어버리다」の意味もあり、以前に分かっていたことが分からなくなったり、あることに考えが及ばなかったりすることにも「까먹다」と使うことができます。例えば「약속 시간을 잊어버렸다（約束の時間を忘れてしまった）」とも言えますが、「약속 시간을 까먹었다（約束の時間を度忘れした）」とも言えます。

ところで、この「까먹다」という言葉は見下す意味があるので、気が置けない友人同士は使っても差し支えありませんが、目上の人のことに対しては使ってはいけません。「까먹다」という言葉はそれほど品良く聞こえる言葉ではないので、公の場では使わない方が良いでしょう。

53 강남 (江南)

CD2-TR23

　우리나라의 고전 소설을 보면 '권선징악 (勸善懲惡)'을 주제로 하는 내용이 많습니다. '권선징악'이란 것은 글자 그대로 착한 일을 권장하고 악한 일을 징계한다는 뜻이죠.
　'콩쥐팥쥐'나 '장화홍련전' 같은 이야기뿐만 아니라 '흥부전' 역시 이런 주제를 가지고 있는 이야기입니다.

　'흥부전'에서 착한 동생 흥부가 제비 다리를 고쳐 주자 가을이 되어 강남으로 갔던 제비가 봄에 돌아오면서 박씨를 물어다 주는 대목이 있습니다. 제비가 강남으로 간다고 하는데 여기서 말하는 '강남'은 어디를 가리키는 걸까요?
　'강남'은 '강 강(江)'자에 '남녘 남(南)'자를 쓰는데, 중국 양자강 이남 지역을 가리키는 말입니다. 제비는 따뜻한 곳에서 사는 새인데, 우리나라는 겨울이 되면 제비들이 살기에는 너무 춥습니다. 그래서 늦가을이 되면 겨울을 나기에 알맞을 정도로 따뜻한 곳으로 날아가는데, 양자강 이남 지역이 바로 그런 곳입니다.

　예전에는 날이 흐리고 비가 올 것 같으면 제비들이 낮게 나는 것을 자주 볼 수 있었는데 요즘은 통 볼 수 없게 됐습니다.
　제비들이 날아다니는 것을 볼 수 있었던 그 시절이 그립습니다.

カンナム〈江南〉

　韓国の古典小説を見ると「勧善懲悪」をテーマにした内容のものが多くあります。「勧善懲悪」は、文字通り善事を勧め、悪事を懲らしめるという意味ですね。
　「콩쥐팥쥐（コンジとパッチ）」[訳注1]や「장화홍련전（薔花紅蓮伝）」[訳注2]などの話だけではなく「흥부전（興夫伝）」[訳注3]もやはり、このようなテーマの物語です。

　「흥부전」で、優しい弟のフンブがツバメの足を治してあげると、秋になり江南に行ったツバメが、春にひょうたんの種を口にくわえて戻ってくる場面があります。ツバメが江南に行くとありますが、ここで言う「江南」はどこを指すのでしょうか？
　「江南」は、「강〈江〉」に「남〈南〉」の字を書きますが、中国の揚子江より南の地域を指す言葉です。ツバメは暖かい所に住む鳥ですが、韓国は冬になるとツバメが過ごすのには寒過ぎます。そのため晩秋になると冬を越すのにちょうどいい暖かい所へと飛んでいくのですが、揚子江以南の地域がまさにそのような所です。

　以前は、曇りになり雨が降りそうになると、ツバメが低く飛ぶのをよく見掛けましたが、最近はまったく見ることができなくなりました。
　ツバメたちが飛び交うのを見ることができた、あの頃が懐かしいです。

訳注1：韓国版シンデレラ。いじわるな継母と連れ子パッチにいじめられるコンジが、靴がきっかけで身分の高い男性と巡り会う話。
訳注2：母親を亡くした姉妹と継母の間の葛藤を描いた、朝鮮王朝時代の怪談小説。
訳注3：意地悪な兄ノルブと心優しい弟フンブの物語。

54 기별 (奇別)   CD2-TR24

우리 속담에 '간에 기별도 안 간다'는 말이 있는데, 이 속담은 여러분도 잘 아시다시피 양이 너무 적어서 먹은 것 같지도 않다는 뜻입니다.

'기별 (奇別)'이라는 말은 '기별이 왔느냐?' 또는 '온다는 기별도 없이 왔네.'처럼 흔히 소식을 전한다거나 소식을 전하는 통지 또는 전화를 가리키는 말로 사용되고 있습니다.

'기별'이라는 말은 '기이할 기 (奇)' 자에 '나눌 별 (別)' 자를 쓰는데, 이것이 어디에서 나온 말인지 궁금해지지 않습니까?
이 '기별'이라는 말의 유래를 찾아보려면 조선 시대로 거슬러 올라가야 합니다.
조선 시대에 임금의 명령을 출납하는 관청이었던 승정원에서는 그 전날 처리한 일을 아침마다 적어서 반포하는 일을 했습니다. 일종의 관보 (官報) 라고 할 수 있는 이것을 '기별'이라고 불렀고, 이것을 담은 종이를 가리켜서 '기별'이라고 부르기도 했습니다.
어떤 일이 확실하게 결정된 것을 확인하기 위해서는 기별을 받아야 알 수 있었습니다. 기다리던 결정 사항이 기별에 반포되면 일의 성사 여부를 알 수 있었던 것입니다.

그래서 '기별이 왔느냐?'란 말은 일의 성사 여부를 묻는 말의 유래가 된 것입니다.

知らせ〈奇別〉

　韓国のことわざに「간에 기별도 안 간다 (肝に知らせも行かない＝蛇が蚊をのんだようだ)」という言葉がありますが、このことわざは皆さんもよくご存じのように、量がとても少なくて食べた気もしないという意味です。

　「기별〈奇別〉(知らせ)」という言葉は「기별이 왔느냐？(知らせが来たのか？)」または「온다는 기별도 없이 왔네．(来るという知らせもなく来たね。)」のように、普通、消息を伝えたり、消息を伝える通知ないし、電話を指したりする言葉として使われています。

　「기별」という言葉は「기〈奇〉」に「별〈別〉」の字を使いますが、これがどこから来た言葉なのか気になりませんか？
　この「기별」という言葉の由来を調べるには、朝鮮王朝時代にさかのぼらなければなりません。
　朝鮮王朝時代の王の命令を伝達する官庁であった承政院では、その前日に処理した事柄を毎朝書いて頒布する仕事をしていました。一種の官報といえるこれを「기별」と呼び、これを書いた紙を指して「기별」と呼んだりもしていました。
　あることが確実に決定されたことを確認するためには、「기별」を受け取らなければなりませんでした。待っていた決定事項が「기별」で頒布されれば、事の成否を知ることができたのです。

　それで「기별이 왔느냐？(奇別が来たのか？)」という言葉は、事の成否を問う言葉の由来になったのです。

55 -오 / -요

식당 같은 데 가 보면 문 앞에 '어서 오십시요.'라고 써 놓은 표지판을 쉽게 볼 수 있습니다. 이 표지판을 잘 살펴보면 어떤 경우에는 '어서 오십시오.'로, 또 어떤 경우에는 '어서 오십시요.'로 쓰여 있는 것을 알 수 있습니다. 이 둘 중에서 어느 표기가 맞다고 생각하십니까?

1988년에 개정된 한글 맞춤법에 의하면, 문장의 종결형에서 사용되는 어미 '-오'는 '요'로 소리나는 경우가 있더라도 그 원형을 밝혀 '-오'로 적는다고 돼 있습니다. 모든 용언 어간에 공통적으로 결합하는 형태가 '오'인데, '이-' 뒤에서만 예외적으로 '-요'를 인정하는 것은 체계 있는 처리 방법이 아니기 때문에 '-오'로 적습니다.

그러므로 '어서 오십시오.' '이리로 오시오.' 또는 '내 고향은 서울이오.'와 같이 종결형 어미로 쓰일 때는 '-요'가 아니라 '-오'입니다.

그러나 문장 연결형의 경우는 소리나는 대로 '-요'로 적습니다.
예를 들어서 '이것은 사과요, 저것은 배다.'의 경우처럼 연결형 어미는 '-요' 형태를 씁니다.

語末の「-오／-요」

　食堂などに行くと、ドアの前に「어서 오십시오.(いらっしゃいませ。)」と書かれている表示板をよく見掛けます。この表示板をよく見ると、あるときは「어서 오십시오.」と、またあるときは「어서 오십시요.」と書いてあります。この二つのうちどちらの表記が正しいと思われますか？

　1988年に改訂されたハングル正書法によると、文章の終結形で使われる語尾「-오」は「요」と発音される場合があっても、その原形を明らかにするために「-오」と書くとなっています。全ての用言語幹に共通して組み合わせる形が「오」なので、「이-」の後ろだけ例外的に「-요」を認定するのは、文法的な体系[訳注1]には合わなくなるので「-오」と書きます。

　従って「어서 오십시오.」「이리로 오시오.(こちらにいらっしゃい。)」または「내 고향은 서울이오.(私の故郷はソウルです。)」のように終結語尾として使うときは「-요」ではなく「-오」です。

　しかし、文章を連結する形の場合は発音通りに「-요」と書きます。
　例えば、「이것은 사과요, 저것은 배다.(これはリンゴで、あれはナシだ。)」の場合のように、連結語尾は「-요」の形を使います。

訳注1：直訳すると「体系のある処理方法」となりますが、「文法的な」としています。

56 접두사 CD2-TR26

    우리말에는 접두사가 붙어서 낱말이 만들어질 때 소리가 첨가되거나 탈락되어 바뀌는 것들이 있습니다.
    그중의 하나가 물건을 두르거나, 감거나 또는 물체가 도는 것을 뜻하는 '휘-'라는 접두사입니다. 예를 들어서 '휘감다, 휘날리다, 휘두르다, 휘몰다'와 같은 표현이 있는데, '쓸다'나 '싸다'와 같은 말 앞에서는 접두사 '휘-'가 '휩-'이라는 형태로 바뀌어서 '휩쓸다, 휩쓸리다' 그리고 '휩싸다, 휩싸이다'와 같이 변화됩니다.

    그리고 '올감자, 올밤, 올벼'라는 말에서 나오는 '올-[올ː]'이라는 접두사는 조숙한 것, 다시 말해서 철이 이르게 되는 것을 뜻합니다. 그런데 곡식 '조'의 경우에는 '올조'가 아니라 '오조'라고 해서 받침 'ㄹ'이 'ㅈ' 소리 앞에서 탈락됩니다.

    또 다른 예로 '갈가마귀'나 '걸터듬다'와 같은 것을 들 수 있습니다. '갈가마귀'는 접두사 '갈-'과 '까마귀'가 합해진 것인데 접두사 '갈-'과 만나서 '까마귀'가 '가마귀'로 바뀐 것입니다.
    그리고 '걸터듬다'는 이것저것을 되는대로 더듬어 찾는다는 뜻으로 이 경우에는 뒷부분의 '더듬다'가 접두사 '걸-'과 만나 '터듬다'로 바뀌어서 '걸터듬다'가 된 것입니다.

接頭辞

　韓国語では接頭辞が付いて単語が作られるとき、音が挿入されたり脱落したりして変わることがあります。
　その中の一つが、物を包んだり、巻いたり、または物体が回ったりすることを意味する「휘-」という接頭辞です。例を挙げると、「휘감다(ぐるぐる巻く)、휘날리다(翻る)、휘두르다(振り回す)、휘몰다(追い立てる)」のような表現がありますが、「쓸다(掃く)」や「싸다(包む)」のような言葉の前には接頭辞「휘-」が「휩-」という形態に変わって「휩쓸다(さらう)、휩쓸리다(飲まれる)」そして、「휩싸다(覆う)、휩싸이다(包まれる)」のように変化します。

　そして、「올감자(わせのジャガイモ)、올밤(わせのクリ)、올벼(わせの稲)」という言葉に出てくる「올-[올:]」という接頭辞は早熟なこと、言い換えれば出盛りが早くなることを意味します。ところが穀物の「조(粟)」の場合には、「올조」ではなく「오조(わせの粟)」といい、パッチム「ㄹ」が「ㅈ」の音の前で脱落します。

　また、他の例として「갈가마귀(コクマルカラス)」や「걸터듬다(やたらと手探りをする)」などが挙げられます。「갈가마귀」は接頭辞「갈-」と「까마귀(カラス)」が合わさった言葉で、接頭辞「갈-」と接合し「까마귀」が「가마귀」に変わったものです。
　そして「걸터듬다」は、あれこれ手当たり次第探すという意味で、この場合には後ろの部分の「더듬다(手探りする)」が接頭辞「걸-」と接合し「터듬다」に変わり「걸터듬다」になったものです。

57 -네요 / -으네요   CD2-TR27

우리말에서 감동의 뜻을 나타내는 표현으로 '-네'라는 어미가 있습니다. 다음 예문을 잘 살펴보십시오.

"성격이 정말 좋으네요."
"피부가 참 고우네요."

위의 예문들이 자연스럽습니까?
'-네'라는 것은 형용사나 동사의 어간에 붙어서 감동의 뜻을 나타내거나, 같은 연배 혹은 손아랫사람에게 이를 때 쓰는 종결 어미입니다.
그중에서도 감동의 뜻을 나타낼 때 받침 있는 형용사나 변칙 활용하는 형용사 뒤에 '-네'를 붙여서 말하는 경향이 있습니다. 이를테면 '좋으네요'나 '고우네요'와 같이 '-으네요'의 형태로 만드는 것입니다.
그러나 '-네요'는 '-으네요'라는 형태로는 쓰이지 않습니다.
앞의 예문들은 각각 '성격이 정말 좋네요.', '피부가 참 곱네요.'라고 말하는 것이 옳습니다.

참고로 '-구나' 또는 이 말의 준말 형태인 '-군'의 경우도 역시 형용사의 어간에 받침이 있든 없든 그 뒤에 '-구나' 또는 '-군'을 그대로 붙여서 '피부가 참 곱구나.'라든가 '성격이 정말 좋군.'과 같이 사용하면 됩니다.

～ですね

　韓国語で感動の意味を表す表現として「-네」という語尾があります。次の例文をよく見てください。

　　「성격이 정말 좋으네요.(性格が本当にいいですね。)」

　　「피부가 참 고우네요.(肌が本当にきれいですね。)」

　上の例文は自然でしょうか？
　「-네」という語尾は形容詞や動詞の語幹に付いて感動の意味を表したり、同年代あるいは目下の人に話したりするときに使う終結語尾です。
　その中でも感動の意味を表すとき、パッチムがある形容詞や変則活用する形容詞の後ろに「-네」を付けて言う傾向があります。つまり「좋으네요」や「고우네요」のように「-으네요」の形になるのです。
　しかし、「-네요」は「-으네요」という形態では使われません。
　上の例文は、それぞれ「성격이 정말 좋네요.」「피부가 참 곱네요.」と言うのが正しいです。

　参考までに、「-구나（～だな）」またはこの言葉の縮約表現である「-군」の場合も、やはり形容詞の語幹にパッチムがあってもなくても、その後ろに「-구나」または「-군」をそのまま付けて「피부가 참 곱구나.(肌が本当にきれいだな。)」や「성격이 정말 좋군.(性格が本当にいいな。)」のように使えばよいです。

58 심상치 않다

직장 내의 분위기가 평소와 다르고 뭔가 급박하게 일이 돌아간다고 느껴질 때 회사 분위기가 심상치 않다고 생각하게 되겠지요? 이처럼 우리가 자주 쓰는 '심상치 않다'란 말은 과연 어디에서 나온 것일까요?

'심상(尋常)'이라는 것은 고대 중국에서 길이를 나타내는 단위로 쓰이던 것인데요, '심(尋)'은 여덟 자 길이를 뜻하고, '상(常)'은 열여섯 자를 뜻합니다.

많은 나라들이 우후죽순처럼 일어났던 중국의 춘추 전국 시대에 제후들은 얼마 되지 않는 '심상의 땅'을 놓고 다퉜다고 합니다. 이와 같이 '심상'은 짧은 길이를 가리키는 말이었는데, 이것이 곧 작고 보잘것없는 것을 가리키는 말에 비유되기도 했습니다.

'심상'이라는 말이 원래는 짧은 길이를 가리키는 말이었는데, 본래의 뜻보다는 보잘것없고 대수롭지 않은 것을 가리키는 말로 널리 쓰이면서 '심상치 않다'는 말이 나온 것입니다. 이 말은 결국 '작은 일이 아니다.' 또는 '대수롭지 않게 여길 일이 아니다.'라는 뜻을 갖게 됐습니다.

참고로 '심상치 않다'에서 '심상치'는 '심상하다'의 어간 '심상하-'에서 'ㅏ'가 줄고, 이것이 어미 '-지'와 어울려서 '심상치'로 된 것이라는 것도 함께 알아두시기 바랍니다.

尋常でない

　職場内の雰囲気が普段と違い、何か切迫して事が運ばれていると感じられるとき、会社の雰囲気が尋常でないと考えるようになりますね。このように、私たちがよく使う「심상치　않다 (尋常でない)」という言葉は果たしてどこから出てきたものでしょうか？

　「심상〈尋常〉」というのは古代中国で長さを表す単位として使われていたものですが、「심〈尋〉」は8尺の長さを意味し、「상〈常〉」は16尺を意味します。

　多くの国が雨後のたけのこのように興った中国の春秋戦国時代に、諸侯たちはいかほどにもならない「심상의　땅 (狭い土地)」をめぐり争ったといいます。このように「심상」は短さを指す言葉でしたが、これがやがて、小さくて取るに足らない物を指す言葉の比喩として使われるようにもなったのです。

　「심상」という言葉は、本来は短さを指す言葉だったのですが、本来の意味よりも、取るに足らぬつまらない物を指す言葉として広く使われながら、「심상치　않다 (尋常でない)」という言葉ができたのです。この言葉は最終的に、「小さいことではない。」または「甘く見ることではない。」という意味を持つようになりました。
　参考として、「심상치　않다」における「심상치」は「심상하다」の語幹「심상하 -」から「ㅏ」が省略され、これが語尾の「- 지」と合体して「심상치」となったものだということも一緒に知っておいてください。

59 햅쌀 / 멥쌀 / 찹쌀 / 입쌀

그해에 추수한 곡식을 '햇곡식'이라고 하고, 그해에 새로 난 나물을 '햇나물'이라고 합니다. 그뿐만 아니라 그해에 새로 난 '밤이나 보리, 콩' 등을 각각 '햇밤, 햇보리, 햇콩'이라고 합니다. 이것을 보면 '햇-'이라는 말은 '그해에 새로 나온 것'을 뜻하는 접두사라는 것을 짐작할 수 있습니다.

그런데 그해에 새로 난 쌀은 '햇쌀'이라고 하지 않고 '햅쌀'이라고 하는 것은 왜일까요?
'쌀'이라는 말은 중세 국어에서 단어 첫머리에 'ㅄ'이 있는 형태를 가지고 있었습니다. 단어 첫머리에 'ㅂ'음을 가지고 있었던 이 말은 독립된 형태로 쓰일 때는 'ㅂ'음이 나타나지 않지만, 다른 단어나 접두사와 결합될 때는 두 형태소 사이에서 'ㅂ'음이 발음됩니다. 그래서 접두사 '햇-'과 '쌀'이 결합되면 '햇쌀'이 아니라 뒤의 '쌀'이 원래부터 가지고 있던 'ㅂ'의 영향을 받아서 '햅쌀'이 되는 것입니다.

이와 비슷한 예가 '멥쌀'과 '찹쌀'입니다. 흔히 끈기가 적고 차지지 않은 것을 가리켜서 '메지다'라고 하고, 반대로 끈기가 있는 것을 '차지다'라고 합니다. 이런 성질을 나타내는 접두사 '메-'와 '차-'의 경우도 '메조'라든가 '차조'와 같이 '메-'와 '차-' 형태로 쓰이지만, '쌀'과 결합할 때는 'ㅂ'음이 되살아나서 '메쌀'이나 '차쌀'이 아닌 '멥쌀'과 '찹쌀'이 되는 것입니다. 그 밖에도 '입쌀'과 '좁쌀'도 마찬가지의 경우입니다.

新米／うるち米／もち米／白米

　その年の秋に収穫された穀物を「햇곡식」と言い、その年に新しく採れた青菜を「햇나물」と言います。それだけでなく、その年に新しく採れた「クリや麦、豆」などをそれぞれ「햇밤、햇보리、햇콩」と言います。これを見ると「햇-」という言葉は「その年に新しく採れたもの」を意味する接頭辞であると推測することができます。

　しかし、その年に新しく採れた米は「햇쌀」とは言わず、「햅쌀」と言うのはなぜでしょうか？
　「쌀（米）」という単語は、中世韓国語では単語の初めに「ㅄ」がある形を持っていました。単語の初めに「ㅂ」音を持っていたこの単語は、独立した形で使うときは「ㅂ」音が現れませんが、他の単語や接頭辞と結合するときは二つの形態素[訳注1]の間で「ㅂ」音が発音されます。従って、接頭辞「햇-」と「쌀」が結合すると「햇쌀」ではなく後ろの「쌀」が元来持っていた「ㅂ」の影響を受け「햅쌀」となるのです。

　これと似た例が「멥쌀（うるち米）」と「찹쌀（もち米）」です。よく、粘り気が少なくて粘っこくないものを指して「메지다（粘り気がない）」と言い、反対に粘り気があるものを「차지다（粘っこい）」と言います。このような性質を表す接頭辞「메-」と「차-」の場合にも「메조（うるち粟）」や「차조（もち粟）」のように「메-」と「차-」の形で使われますが、「쌀」と結合するときは「ㅂ」音が再び現れ「메쌀」や「차쌀」ではなく「멥쌀」と「찹쌀」になります。その他にも「입쌀（白米）」と「좁쌀（粟）」も同じことです。

訳注1：意味を持つ最小の単位。

60 가디건 / 카디건

스웨터를 가리켜서 '가디건'이라고 할 때도 있고, '카디건'이라고 할 때도 있습니다. 특히 홈쇼핑 회사에서 상품을 소개하는 책자나 백화점 진열대 같은 곳에서도 '가디건'과 '카디건'이 뒤섞여 쓰이고 있는 것을 자주 발견할 수 있습니다.
그렇다면 이 중에서 어느 것이 옳은 표현일까요?

이것은 '카디건(cardigan)'이 맞습니다. '카디건'은 영어 단어입니다. 이 단어의 첫 글자는 'g'가 아니라 바로 'c'입니다. 그러므로 '가디건'이 아니라 '카디건'이 맞다는 것은 너무나 당연합니다.

그리고 옷에 관한 명칭 가운데 흔히 '쟈켓'이라고 부르는 옷이 있습니다. 이것을 'ㅈ' 다음에 모음 'ㅏ'를 써서 '자켓'이라고 쓴 경우도 있고, '쟈캣'이라고 써 놓은 경우도 있는데, 이것은 모두 외래어 표기법에 맞지 않습니다. 이 옷은 '재킷(jacket)'이 맞습니다.
우리 생활 주변에서 자주 접하게 되는, 외래어로 된 옷의 명칭 '카디건'과 '재킷', 정확하게 알고 사용해야겠지요?

カーディガン

　セーターを指して「가디건」と言うこともあり、「카디건」と言うこともあります。特に通信販売の会社が商品を紹介するパンフレットや、デパートの陳列棚などでも、「가디건」と「카디건」が混在して使われているのが見られます。
　それでは、この二つのうちどちらが正しい表現でしょうか？

　これは「카디건 (cardigan)」が正しいです。「카디건」は英単語です。この単語の最初の文字は「g」ではなく、「c」です。従って「가디건」ではなく、「카디건」が正しいというのは至極当然です。

　そして服に関する名称のうち、よく「쟈켓 (ジャケット)」と呼ぶ服があります。これを「ㅈ」の次に母音の「ㅏ」を使って「자켓」と書いたものもあり、「쟈켓」と書いてあるものもありますが、これはどちらも外来語表記法に合っていません。この服は「재킷 (jacket)」が正しいです。
　私たちの生活の周辺でよく出合う、外来語で作られた服の名称「카디건」と「재킷」、正確に知って使わなければいけませんね。

あとがき 第2期「架け橋人の会」のメンバーより

小川 美恵子

韓国滞在中に、テレビでよく目にしていた「바른말 고운말」。自分たちの手で翻訳し、本という形になる日が来るなんて、夢にも思っていませんでした。336編から60編に絞り込むため、仲間と意見を交換しながらの楽しくもあり苦しくもある作業でした。対訳集という性質上、原文からの直訳を生かそうとすると日本語として不自然になるなどのジレンマとの戦いでしたが、プロの編集者に的確な校正をしていただけたことは貴重な経験となりました。この本が韓国語に興味のある方、現在学習されている方のお役に立つことができるとしたら、こんな幸せはありません。

呉民淑

日本に生まれながらも母語として韓国語に触れて育ち、日韓通訳翻訳の機会にも恵まれてきた私ではありますが、このたびの翻訳の共同作業は、外国語であるにもかかわらず向上心を持って韓国語の習得に取り組む皆さんとだからこそ得られた発見と刺激たっぷりの掛け替えのない時間となりました。日韓の歴史や文化や交流に思いをはせながら、日韓双方の言葉が織り成す意味の深さに悩み苦しみ練り上げて生まれた対訳本です。試験や資格を超えた語学学習の楽しみ方をこの本を通じて経験していただけたら幸いです。

竹田 侑加

「翻訳をして出版する」ということが現実になりました。このような機会をくださった前田先生、出版社HANAの皆さま、そして読者の皆さまに厚く御礼申し上げます。私が韓国語を始めて決して短くはない歳月が経ちました。しかし翻訳作業をしながら、新たに学んだことや発見したことがありました。また現代の韓国での言葉遣いについても知ることができ、「言葉は生き物」であるということを実感した作業でした。韓国語をきっかけにして、「架け橋人の会」で素晴らしい仲間と出会うことができました。この出会いに感謝するとともに、読者の皆様にも韓国語を通した素晴らしい出会いがあることを祈念いたします。この一冊が韓国語学習の一助になれば幸いです。

中村　晶子

韓国語を学ぶ私たちが力と知恵を合わせ、一冊の本ができました。韓国語や韓国の文化を愛し、仕事や家事の傍ら熱心に学んできた学習者自身が作り上げた本です。優れた指導者と志のある編集者に恵まれ、世の中に送り出すことができました。韓国語を学びながら漠然と抱いていた夢が小さな花を咲かせました。互いの言葉を知り、文化を知り合うことで生まれる豊かな交流が日韓両国で花開く、そんな一助になりますように。

野澤　みさを

韓国語学習も中級段階を過ぎると、辞書にはない言葉や、文法書では理解できない韓国語に出合いますね。この本には文法、発音、表記など、皆さんが疑問に思われていたことへの解答があります。この本を手にされた方が、新しい発見や、「あーそうだったのか」と納得されることがあればうれしいです。そして、これからも韓国語学習を続けるきっかけになれば、なおうれしいです。一人では判断できないことも、メンバーで話し合い結論に導いていく過程はとても楽しい作業でした。私をいつも発展させてくださる前田真彦先生、編集の松島彩さんに深く感謝申し上げます。

福井　典子

「바른말 고운말」の翻訳をするに当たり一番苦労したのは、素直に日本語になってくれない韓国語特有の表現でした。また韓国人にとって間違いやすい表現と、日本人学習者のそれとは違う点なども考慮し、学習者のための本にしたいと思いました。架け橋人の会は、中級学習者を対象とした本を翻訳しようという呼び掛けの下で始めた学習会でしたが、私たちが学ぶ場でもあった気がします。このような場を与えていただいたことに感謝すると同時に、この本が韓国語学習の役に立つことを願ってやみません。

尹　郁子

韓国語を学習し始めてから、韓国語で書かれた本を翻訳して出版することは、一つの目標でした。ここまで導いてくださったミレ韓国語学院の前田先生と出版社のHANAの皆さまに感謝申し上げます。韓国語を日本語に落とし込む作業は、想像以上に困難で、毎回メンバーと知恵を絞り出しながら、苦労の末に出てきた日本語訳に歓声が上がるほどでした。私どもの韓国語への熱い思いの詰まったこの本が韓国語学習のお役に立つことができればうれしく思います。

KBSの韓国語
対訳 正しい言葉、美しい言葉

2015年6月11日　初版発行
2020年6月21日　3刷発行

著　者	KBSアナウンサー室韓国語研究会
訳　者	架け橋人の会、前田真彦
編　集	松島 彩
編集協力	鷲澤仁志
カバー・本文デザイン	木下浩一（アングラウン）
ナレーション	イ・チソン
CDプレス	イービストレード株式会社
印刷・製本	シナノ書籍印刷株式会社
発行人	裵 正烈

発　行　株式会社HANA
〒102-0072 東京都千代田区飯田橋4-9-1
TEL：03-6909-9380　FAX：03-6909-9388
E-mail：info@hanapress.com

発　売　株式会社インプレス
〒101-0051 東京都千代田区神田神保町一丁目105番地

ISBN978-4-8443-7684-2 C0087　©HANA 2015　Printed in Japan

● 本の内容に関するお問い合わせ先
　HANA 書籍編集部 TEL: 03-6909-9380　FAX: 03-6909-9388

● 乱丁本・落丁本の取り替えに関するお問い合わせ先
　インプレス カスタマーセンター TEL: 03-6837-5016　FAX: 03-6837-5023
　　　　　　　　　　　　　　　　E-mail：service@impress.co.jp
　（受け付け時間 10:00-12:00、13:00-17:30　土日祝日を除く）
　※古書店で購入されたものについてはお取り換えできません。

● 書店／販売店のご注文受付
　株式会社インプレス 受注センター TEL:048-449-8040　FAX:048-449-8041
　株式会社インプレス 出版営業統括部　TEL：03-6837-4635